JN059896

生成AIと英語でコミュニケーション
してみない？

AIフル活用！

英語発信力トレーニング

門田修平 著

コスモピア

✓ はじめに

　本書は、ライティング、スピーキングなど英語の発信力、特に「やりとり（インタラクティブ・コミュニケーション）」能力のトレーニングに、DeepL翻訳とChatGPTなどの生成AIを活用する方法を提案するものです。

　その際、本書で採用したアプローチは、私たち日本人がこれまでの英語学習を通じて得た語彙・文法力など言語知識ベースのコミュニケーション能力の向上を、AIを使って支援しようとするものではありません。ポイントとなるのは、ズバリ「社会脳インタラクション」です。これは、他者の話（発話）の意図やこころの中を推測するとともに、相手の顔の表情やしぐさからその気持ち（情動）を読み、その上で相手の視線を認知して共通の対象に注意を向けるという、私たち誰もが持つ「社会脳」を活用した方法です。ふだん私たちは、ことばによる情報伝達とともに、まったく無意識のうちに自動的に生じるこの超高速回路によるコミュニケーションを実践しています。本書では、この社会脳インタラクション能力の向上に役立つ模擬（シミュレーション）トレーニングを提供します。

　具体的には、①DeepL翻訳による、英語→日本語、日本語→英語のバイリンガル・アプローチと、②生成AIとの音声入力・出力を通じて行う、インタラクティブ・トレーニングです。そして最終的に、世界との文化的・社会的交流に備えて、上級レベルの複雑なニュアンスを理解して対応する能力を獲得することを目指します。
　このようにお話しすると、とても難しい内容だと考える方がおられるかもしれません。しかし、今日のAI技術を活用すれば、ここで述べたような能力開発はすぐにでも可能です。これを利用しない手はありません。

第1章から第3章は導入編で、続く第4章から第6章は、実践トレーニング編です。第4章は初級者（主としてCEFR A1レベル）を対象に、最初からAIとのインタラクションを開始します。

　第5章は、中級者（主としてCEFR A2レベル）を対象として、さらに第6章では上級者（主としてCEFR B1・B2レベル）を対象に、まずDeepL翻訳によるバイリンガル・アプローチにもとづくライティングを行い、その後ChatGPTへの語りかけを行います。

　なお、生成AIとのやりとりの前のライティング（作文）でも、実は、他者との社会脳インタラクションがポイントになります。日本語にせよ英語にせよ、目の前に読み手を想定しないで書いた作文、言い換えると、この文を読んで読み手がどう考えるか推測しないで書いた文章は、まったくひとりよがりで、いっさい通じません。書くという、一見ひとりで行っていると思える作業でも、実は特定の読者との社会脳インタラクションなしでは達成できないのです。

　今日のマルチモーダルAIの進展は、まさに日進月歩（あるいは時進日歩でしょうか？）です。その中で、ChatGPTに続いてCopilot、Gemini、Claudeやその他の生成AIも次々に実用化されています。

　本書では主にChatGPTをもとに、トレーニングが実行できる素材や方法例を提示しています。しかし、実はどの生成AIを利用されても、同様の効果が期待できる方法であると考えています。

　本書を手にしたみなさんの新しい視界が開かれ、みなさんのコミュニケーション能力が、格段の進歩を遂げられんことを祈ります。

2024年5月

門田修平

Contents

第 1 章　「AI＋社会脳」にもとづく英語習得のためのアプローチとは……13

第 2 章　発信型英語学習に活用できる主なAIツールと英語力指標としてのCEFR ……… 31

Contents

電子版の使い方

音声ダウンロード不要
ワンクリックで音声再生！

本書購読者は
無料でご使用いただけます！
音声付きで
本書がそのままスマホでも
読めます。

電子版ダウンロードには
クーポンコードが必要です

詳しい手順は下記をご覧ください。
右下の QR コードからもアクセスが
可能です。

電子版：無料引き換えコード
8AG3tQ7E4

ブラウザベース（HTML5 形式）でご利用
いただけます。

★クラウドサーカス社 ActiBook電子書籍
　（音声付き）です。

●対応機種
・PC（Windows/Mac）　・iOS（iPhone/iPad）
・Android（タブレット、スマートフォン）

＊クーポンコードをご利用いただけるのは 1 回のみです。

電子版ご利用の手順

❶コスモピア・オンラインショップにアクセス
　してください。（無料ですが、会員登録が必要です）

https://www.cosmopier.net/

❷ログイン後、カテゴリ「電子版」のサブカテゴリ「書籍」をクリックします。

❸本書のタイトルをクリックし、「カートに入れる」をクリック。

❹「カートへ進む」→「レジに進む」と進み、「クーポンを変更する」をクリック。

❺「クーポン」欄に本ページにある無料引き換えコードを入力し、「登録する」をクリック。

❻０円になったのを確認して、「注文する」をクリックしてください。

❼ご注文を完了すると、「マイページ」に電子書籍が登録されます。

本書の使い方

本書は、理論編にあたる第1章から3章、およびまとめにあたる第7章が理論的な解説、第4章から第6章がトレーニング実践パートになっています。

●第4章から第6章

本書の中核であるトレーニング実践パートです。想定するレベルによって、大きく第4章（初級）、第5章（中級）、第6章（上級）に分かれています。ご自分にあったパートのトレーニングにトライしてみてください。

●例題・練習問題について

本書では、基本的には、DeepL翻訳とChatGPTを使い分けています。問題集のような模範解答はありません。掲載した例題なども、いろいろな誤りが含まれています。自分なりの回答例をつくるための過程を理解しつつ、発信できる英語力を身につけていくという趣旨です。

本書の回答欄はメモに使い、自分なりの英文を作成したらワードなどのソフトに保存し、コピーペーストしてトレーニングにご使用ください。

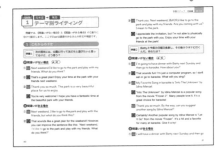

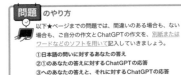

問題 のやり方

以下★ページまでの問題では、間違いのある場合も、ない場合も、ご自分の作文とChatGPTの作文を、別紙またはワードなどのソフトを用いて記入していきましょう。

①日本語の問いに対するあなたの答え
②①のあなたの答えに対するChatGPTの応答
③へのあなたの答えと、それに対するChatGPTの応答

問題1 来週大阪出張だ。君はどこかに出張？

問題2 夕方会議が長引きそうで遅くなるよ。夕飯は外でいっしょに食べよう。大丈夫？

問題 絵や写真の描写

問題1から6のイラストを下の語句を参考に描写してください。そのあと①から⑥の手順でChatGPTとやりとりをしてみましょう。

①あなた→質問 ➡ ②ChatGPT ➡ ③あなたとChatGPTの応答

●例題のアイコン

 あなた……「User＝あなた＝学習者」であるみなさんです。

 ChatGPT……「あなた」へのChatGPTからの応答です。

 DeepL翻訳……学習者が作成した文章を日英に翻訳します。

 🔊 02 **音声番号**……AIによる人工音声です。

●DeepL翻訳とChatGPT

　本書のトレーニングは、DeepL翻訳とChatGPTを主に使って進めます。長所も欠点もよく知って効率よく活用しましょう。AIソフトはGPT-4oの登場にみるように進化が速く、情報は目まぐるしく変わります。仕様の変更があった場合は新しい仕様に従って取り組んでください。変更があっても、本書の英語力をつけるための基本的な取り組みのスタンスは変わりません。ソフトは検索画面から名前で検索してインストールできます。

　ChatGPTと同様な機能と性能をもつ生成AIの紹介は、*p.*39と*p.*53のコラムにあるので、参考にしてください。

無料版では1500文字までの翻訳ができる。有料版は制限なし。ときどき訳が抜けることがあるのでチェックが必要。

Hello GPT-4o

左がChatGPT-3.5（無料）、
上がChatGPT-4o。無料でも限定的に使用が可能。ユーザーと直接音声でやりとりをする性能が大幅に向上している。

● ChatGPT と会話するための音声について

本書で取り上げている ChatGPT と会話をする方法には、テキストでのやりとり以外に、音声を用いて ChatGPT と会話をする方法があります。

VoiceWave などの無料のプラグインをインストールして、その拡張機能を用いて ChatGPT の音声を制御する方法です。

ChatGPT-4o では、会話の待ち時間がほとんどなしで音声のみでやりとりをすることもできます。

仕様の変更や改善は頻繁に起きるので、仕様の変更があった場合は、確認の上、新しい仕様に従って取り組んでください。

VoiceWave について

「VoiceWave: ChatGPT の音声制御」で ChatGPT の
体験を変えましょう！
Edge/Chrome 拡張機能で、声だけで簡単に ChatGPT を制御できます。

無料のブラウザ拡張機能を入手する

Available in the
Chrome Web Store　　Microsoft Edge

このオープンソースの Edge/Chrome 拡張機能は、高度な音声制御と読み上げ機能を
ChatGPT に追加し、複数の言語で ChatGPT とコミュニケーションを取り、返答を簡単
に聞くことができます。

https://voicewave.xyz/ja/

Chrome 用か Edge 用を選択する

音声を聞くためのボタン

設定ボタン。音声と言語、速度を変更することができる

マイクボタンをクリックすれば ChatGPT と会話を始めることができる

音声コントロールする機能の詳細は *p.*48、および *p.*53 をご覧ください。また、日進月歩で進化する AI の機能などのフォローアップについては、コスモピア AI 研究室（https://cosmopier.com/cp-ai-lab/）をチェックしてください。

音声ダウンロードの方法

音声をスマートフォンや PC で、簡単に
聞くことができます。

方法1 スマホで聞く場合

面倒な手続きなしにストリーミング再生で聞くことができます。

※ストリーミング再生になりますので、通信制限などにご注意ください。
　また、インターネット環境がない状況でのオフライン再生はできません。

> **このサイトにアクセスするだけ！**
> https://soundcloud.com/yqgfmv3ztp15/
> sets/ai-sw

1 上記サイトに**アクセス！**

2 アプリを使う場合は
SoundCloud に
アカウント登録（無料）

方法2 パソコンで音声ダウンロードする場合

パソコンで mp3 音声をダウンロードして、スマホなどに取り込むこと
も可能です。（スマホなどへの取り込み方法はデバイスによって異なります）

1 下記のサイトにアクセス

https://www.cosmopier.com/
download/4864542128

2 中央のボタンをクリックする

音声は PC の一括ダウンロード用圧縮ファイル（ZIP 形式）でご提供します。
解凍してお使いください。

●音声ファイル番号表

第 1 章

「AI＋社会脳」
にもとづく英語習得の
ためのアプローチとは

1 英語学習12のウソ・ホント

　本書では、英語など外国語のライティングからスピーキングにつなぐ発信能力の習得に、DeepL翻訳とChatGPTなどの生成AIと社会脳インタラクションを活用した方法について提案したいと思います。

　まず、みなさんはご自身の現在の英語力について　どう評価されますか？

　例えば、

① 英語を読むのは何とか日本語に訳しながらできるが、英語を聞いて理解することができない。

② 英文テキストの意味を理解することはできても、声に出して音読しようとするとたちまち発音がわからず困ってしまう。

③ 英文テキストを音読することはできても、その内容を自分で発話（スピーキング）することはできない。

④ 書かれた英語を音読することができても、聞こえてきた英語を繰り返したりシャドーイングしたりすることはできない。

⑤ ひとりでプレゼンなど発話することは何とかできても、英語のネイティブと双方向的な（インタラクティブな）会話をすることができない。

などいろいろ問題点や課題を抱えておられることでしょう。

　『ニューズウィーク・日本版』（2007年4月25日号）は、英語学習について日本人が漫然と信じている俗説として、9個の常識のウソ・ホントを取り上げました。その9個に新たに3つを加えて、Q1~12としたのが、右ページに示す「英語習得12のウソ・ホント」です。

図1　『ニューズウィーク・日本版』
（2007年4月25日号）

　それぞれの常識について「そのとおり」（○）、「どちらでもない」（△）、「間違い」（×）の3段階で、みなさんの答え（○・△・×）を回答欄に記入してみてください。筆者自身の評価も次ページで提示します。

●表1　下記は筆者によって『ニューズウィーク・日本版』（2007年4月25日号）「英語習得12のウソ・ホント」に加筆修正したもの

番号	ウソ・ホント　リスト	回答欄
Q1	大人は子どもにかなわない	
Q2	ネイティブ教師が一番	
Q3	機械的な反復練習は無駄	
Q4	留学すれば上達する	
Q5	音読は外国語にも効果的	
Q6	何年も勉強したのに話せない	
Q7	まちがいを恐れるな	
Q8	聞き流すだけでペラペラに	
Q9	日本語にない音は聞き取れない	
Q10	バイリンガルの脳はモノリンガルの脳とは異なる	
Q11	語彙力をつけるには多読によるのが一番	
Q12	聞いた音声・見た文字を心の中で発音できることが英語習得には必須	

Q1 大人は子どもにかなわない

　従来から英語圏に連れてこられた子どもが一定期間ずっと沈黙していたのに、ある日突然、周囲の驚きをよそに流暢な英語で話しだすという事例があります。

　大人より子どものほうが、頭が柔軟で早く言語習得ができるというのが、これまでの通説です。

　しかしながら本当にそうでしょうか？　みなさんご自身も考えてみてください。ずっと黙っていたのに急に話し始めるというようなことがあり得るでしょうか？　子どもは大人より脳が柔軟であるというより、沈黙して話さない間も実は一生懸命心の中でシャドーイングなど、心の中で繰り返しをして、すぐにスピーキングできるように備えているのではないでしょうか。この内的シャドーイングは、よくサイレント・シャドーイングと呼ばれます。声に出すシャドーイングに劣らない効果がこのサイレント・シャドーイングにもあると考えられるのです。要は、子どもも大人も同様に、練習をすれば伸びるので、はじめから「子どもにはかなわない」とは必ずしも言えません。答えは[✕]でしょう。

Q2 ネイティブ教師が一番

　みなさんは、英語の先生はネイティブ教師が一番だと思いますか？　私の答えはほとんどほとんど[✕]に近いです。英語のネイティブ教師を日本人教師と比べると、多くの日本人学習者はその英語発音に注目しようという気持ちになるようです。これは結構なことですが、英語のネイティブだからといって、外国語を教える能力が高いとは決して言えません。

　例えば、みなさんは日本語のネイティブですが、教授法を学ばずに海外の学習者に日本語を教える自信はありますか？

　実は、先生自身が、英語以外の言語を外国語として学んだ経験があるかどうかがポイントで、言語習得に対する十分な客観的知識があるかどうか、さらに自身の学習プロセスやその成果を客観的に自己評価できるかどうか、この点が決定的に重要です。

Q3　機械的な反復学習は無駄

　機械的な反復練習は無駄かというと、これはもちろん[✕]で、機械的な反復学習は重要です。例えば、ダンスのステップや楽器演奏、車の運転などができるようになる過程を考えてみてください。

　最初はひとつひとつ教えてもらうことで、顕在的・明示的、すなわち自分自身で覚えていることが自覚できる記憶の状態から、潜在的で無意識のうちにいつの間にか使えるな記憶に変貌することでしょう。この過程が、英語習得でもきわめて大切です。これが、繰り返し練習による「プラクティス」です。

Q4　留学すれば上達する

　確かに留学すれば上達する可能性は大きいです。大量の英語インプットに接する機会があって、しかもそれを何度もさまざまな場面で繰り返し使うことによって、インプットとプラクティスで相乗効果が期待できます。ただし、例えばニューヨークなどに行っても、語学学校で英語を勉強する以外の時間は自分の部屋に閉じこもってばかりいるとか、日本人の友人・知人としか接する機会がない、ということもしばしばあります。そうすると、留学しても期待したほど英語は上達しないかもしれません。つまり、「留学＝英語習得」ではないことは留意すべきです。ですから、[△]が筆者の答えです。

Q5　音読は外国語にも効果的

　音読は外国語学習に効果的、これはもちろん[○]です。これまで刊行された筆者の書籍などもご参照ください。

　特に、日本語と言語的にかけ離れた英語を学習しようとする際のように、ことばを聞いて理解できるようになっても、すぐには話せないものです。このように、リスニングとスピーキングの両スキルのギャップを埋めるようなプラクティスをたくさんする必要があるという状況では、特に音読は効果を発揮します。日本人が英語を学ぶ場合、オランダ人、フランス人などヨーロッパの人たちが、英語を習得するのとは根本的に異なる学習法が必要になってきます。

Q6　何年も勉強したのに話せない

　「何年も勉強したのに話せない」——これはみなさんの率直な感想かもしれませんが、はっきり言ってこの意見は[×]です。

　本当に英語を話すトレーニングを何年してきたのでしょうか？　処理したこと、やったこと、体験したこと、それらを私たちは学習します。英文の文法分析をもとに、主として日本語に訳す練習ばかりをしてきたのであれば、訳読には上達しても、話せるようにはなりません。実際にスピーキングの機会をどれだけ持ったか、これがポイントです。

Q7　まちがいを恐れるな

　これはもちろん[○]です。英語など外国語の学習に、誤りやミスはつきものです。むしろまちがいは学習の促進剤（ファシリテータ）として、まったく気にしないこと、これが重要です。誤りを恐れて英語を使わないということは、まったく練習をしていないことになり、すなわちプラクティス効果がゼロになってしまいます。

Q8　聞き流すだけでペラペラに

　ひと昔前には、聞き流すだけで英語がペラペラになるという学習法が一時的に爆発的にもてはやされました。しかし、この考え方はまったくの[✕]です。

　学習者が注意を向けているかどうかが重要で、特に英語を聞き流すだけで注意を向ける対象になっていない状態で学習は生じません。これは、学習や記憶の形成がどのようにして行われるかについてのワーキングメモリの研究成果がはっきりと示しています。学習者の注意が向いていることが、習得の前提条件です。しかし、それだけではなく、英語の/r//l/や/f//v/などの音声が知覚できるためには、それらの発音が自分自身でできることが必要です。このことはこれまでの音声知覚やシャドーイングに関する研究があきらかにしています。

Q9　日本語にない音は聞き取れない

　これは[△]でしょう。自分自身で発音できない音は、Q8で記しましたが、正確には聞き取れません。日本語にない音や日本語とは多少ずれのある音は、正しく発音できないことが多いので、しばしば聞き取りが困難になります。

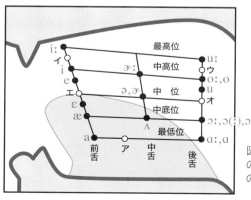

図2　英語および日本語の母音図：舌は日本語/エ/の発音位置

そこで発音の仕方に関する正しい知識やそれにもとづく練習が必要になるでしょう。特に母音は、日本語には5つ（イエアオウ）しかありませんが、英語の母音は、ざっと単母音だけを数えても15～20くらいありますので、発音も聞き取りも困難です。

Q10　バイリンガルの脳はモノリンガルの脳とは異なる

最近の研究によれば、バイリンガルの人はモノリンガルの人に比べると認知症の発症は約4～5年遅いという結果があります。特に前頭葉の実行機能が向上するというデータが数多く存在します。

例えばカナダでは、英語とフランス語が公用語ですが、日常的に2言語を使っているバイリンガルの人は、モノリンガル話者に比べると認知症の発症が約4.1年遅くなることがわかっています。またスコットランドにおける研究では、計648人の認知症患者の症例記録を分析した結果、バイリンガル話者は平均4.5年その発症が遅いことを報告しています。この理由として、ふたつの言語を日常的に頭の中でコントロールすることで、ワーキングメモリの認知的能力である実行機能が鍛えられることをあげています。ですから答えはもちろん[○]です。

Q11　語彙力をつけるには多読によるのが一番

これは△です。やさしい素材を大量に読む多読学習は、すでに知っている語彙や表現などを何度も処理することになるので、一緒によく使われる語句などをいつの間にか覚えてしまう潜在的学習に効果的であることがわかっています。

しかし、未知の単語の意味を、文脈から推測して理解するような意識的、顕在的学習の効果は、非常に限定的であり、この点ではほぼ[✕]であることが予測できます。語彙力をつけるには多読によるのが一番

だとは必ずしも言えません。

Q12　聞いた音声・見た文字を心の中で発音できることが英語習得には必須

　聞いた音声や見た文字を頭の中で発音できることが、英語習得には必須です。英語など外国語の習得は、この発音能力（音声表象を形成する能力）と高い相関があります。学習者の頭の中の外国語と母語（第一言語）の関係をイメージしたバイリンガル語彙処理モデルが提案されています。ここでは、文字を見て音声化（音読）したときと、音声を聞いてその発音を頭の中でイメージする音声知覚表象が、ほぼ同じであることが条件で、同じであれば読む力と聞く力は互いに相乗効果を持って発達していくようになります。ですから答えはもちろん[○]です。

2 モノリンガル・アプローチとバイリンガル・アプローチ

　ここまでは、多くのみなさんがもつ、英語などの第二言語習得に関する12の常識について、ホントかウソか考えていただきました。

　実は、外国語の学習法について、次のふたつの基本アプローチについても、これまでその効果についてさまざまな議論が行われてきました。

(1) ひとつは学習者の母語、みなさんの場合は日本語を使用しないで、英語など外国語の学習をしようとするものです。これは、日本語を英語の学習時に使用すると、母語からのマイナスの影響を受けて、「百害あって一利なし」と考えるアプローチです。

例えば、アメリカ国内で英語を学習しようとする様子を想像して
もらえればわかると思いますが、様々な国から母語が異なる人たち
が集まっているクラスでは、この方法を採用せざるを得ません。

(2) もうひとつは学習対象となる英語だけを使って授業を行うのではな
く、日本語をふんだんに使って英語の文法、語彙、発音などを、母
語と比較しつつ学習してもらう方法です。

　(1)の方法は直接教授法（学習法）とか、モノリンガル・アプローチ
といわれるやり方です。書きことばよりも話しことばの学習を中心に
据えて、文法、語彙、発音などを説明するよりも実際のコミュニケーショ
ンのための練習を多く積むことで、理屈なしに英語を習慣化する、「習
うように慣れろ」という方法をとります。

　それに対し、(2)の方法は間接教授法とかバイリンガル・アプローチ
と言われるもので、もともとはヨーロッパのラテン語、ギリシャ語な
ど古典語の学習に使用された、文法知識をもとに訳読することを主に
した方法です。しかし、これでは実践的なコミュニケーション能力に
は結びつかないとして、従来から批判の的になってきた方法です。

　例えば、toy（おもちゃ）という単語を教えようとするとき、(1)では、
教室に何かおもちゃを持ってきて、それを指さしながら繰り返し発音し
てその語の意味を、学習者に推測してもらおうとします。(2)なら日本語
一言ですむのに、(1)ではいろいろと工夫して推測してもらう必要があり
ます。そうすると時には、間違った意味にとってしまうこともあります。

　みなさんはBICS[1]とか CALP[2]といったことばを聞かれたことがあ
るでしょうか？　これはカミンズという、バイリンガル研究で著名な
人が打ち立てた発達モデルです。BICSとは、日常的な会話能力のこ
とで、基本的な他者とのコミュニケーション能力を指します。

　これに対してCALPとは、学校で教授対象になるような言語で、教

1 BICS（Basic Interpersonal Communicative Skills）対人伝達言語能力
2 CALP（Cognitive Academic Language Proficiency）認知・学習言語能力

科書など中身のある本を読んで、理解・解釈する能力のことです。どちらかといえば、抽象的な思考力が必要になってくる能力です。

　カミンズは、母語の言語能力は、原則、BICSからCALPへと発達していくものと述べています。さらに、実は、母語（第一言語）と外国語（第二言語）は、切り離された別個の能力ではなく、その根底には共通の言語能力があると考えています。次の図3は、カミンズのこの考え方をイメージしたものです。

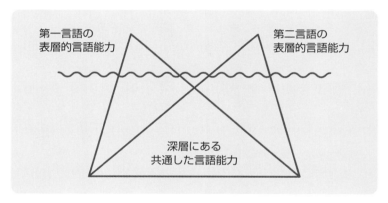

図3　バイリンガル話者の言語能力イメージ

　すなわち第一・第二言語は表面的にはまったく別のもののように見えても、水面下には共通の言語能力が存在すると考えているのです。

　近年のバイリンガル話者の研究は、このカミンズの説をさらに推し進めバイリンガル話者はふたつの言語を使い分けながら、複数言語の競合という認知的にタフな状況の中で、日常生活をしていることをあきらかにしています。その結果、頭の中の、特に前頭葉の能力が鍛えられ、言語以外の認知的能力に優れた頭脳を形成するようになると言われています。そしてこのことが認知症の発症を4.1年から4.5年遅ら

せるという結果に結びついているのです。

　以上を言い換えると、仮に学習対象の外国語だけを使って学習しようとする、モノリンガル・アプローチをとっても、実は頭の中では母語と外国語に共通した言語能力が、根底に形成されることを意味しています。そうすると、母語の能力を活用せずに外国語だけで、つまりみなさんの場合は英語だけで、言語学習をしようとする方法をとることは、みなさんの頭の中の言語能力に合致していない、その仕組みをまったく無視した方法を無理やり採用していることになるのです。

　本書で以降に展開する学習法は、このバイリンガル・アプローチをもとに、その考え方を積極的に推進していこうとするものです。しかし、読者のみなさんが日本人学習者の場合、バイリンガル話者などとは違って、日本語と英語の能力の間にはとても大きな差があるでしょうから、両方の言語に共通能力があるなんて、ウソだと思われるかもしれませんね。

　この点を調べるために筆者を含め、7つの大学で英語を学ぶ日本人大学生計432名を対象に、英単語と日本語単語による連想課題をしてもらった共同研究があります。研究では「精神」「平和」'spirit' 'peace' など通常の名詞語とともに、「動物」「食べ物」'animal' 'food' といったように、語の意味としてさまざまな具体例を含んだ、カテゴリー（範疇）語を、英語と日本語で用意しました。実験参加者の1分間あたりの連想語数（平均値）を求めたところ、カテゴリー語で連想した単語の数が多く、この傾向は英語と日本語でまったく同一でした。次ページの図4を参照ください。

　以上の結果は英語の語彙知識は、日本語をもとに日本語との比較・対照により形成・保存されていることを示しています。これはカミンズのいうとおり、いっさい母語を使わずに、モノリンガル・アプローチによって外国語（英語）の学習を目指しても、両方の言語は頭の中

にひとつの統合体として存在することを示しているのです。

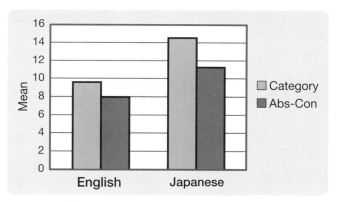

図4　カテゴリー語と通常名詞の1分間の連想語数：英語・日本語

　このバイリンガル・アプローチにおいて、大いに活用できるのが、近年飛躍的に発達しその精度（正確さ）が増した機械翻訳技術、特にDeepL翻訳です。

 会話のやりとりの多重・同時性を支える心理言語学的能力

　本書で提案するライティングからスピーキングにつなぐ発信型の英語力ですが、一方的に話すのではない双方向的（インタラクティブ）なコミュニケーション（やりとり）では、相手の発話を理解して、その発話に対するメッセージを頭の中で考えて（概念化）、その後それを自ら発話します。このような理解、概念化、発話の三重処理を普段の会話で行っており、これが当然のようになっています。

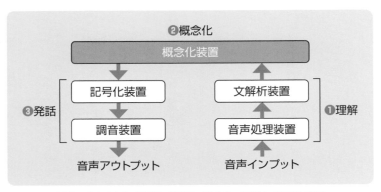

図5　やりとりにおける「理解・概念化・発話」の三重処理

　英語が話せるようになるためのキーポイントとして、筆者は次の4つを提示しています。すなわち、「インプット処理」「プラクティス」「アウトプット産出」「（メタ認知）モニタリング」の4つ（IPOM）です。たくさんのインプットに接し、理解したインプットをシャドーイング・音読により繰り返し練習し、その後アウトプットにつなげるとともに、その学習プロセスを自らモニタリングして学習法を調整するという枠組み（モデル）です。そうすることで、やりとりにおける三重処理に対応できる自動的で流暢な英語コミュニケーション能力（心理言語学的能力）が身につくとして、このIPOMを提案しています。

4　会話のやりとりを支える社会脳インタラクション能力

　会話のやりとりを支えるのは、何も発話の自動性・流暢性を実現する心理言語学的能力（あるいは認知的流暢性）だけではありません。

　社会的に相手との関係をつなぐ言語以外の能力がとても重要です。例えばメラビアンという心理学者は、日常会話では90％以上も、言語以外の情報を使っていると述べています。この非言語的コミュニケーションは、認知的な頭の中の装置ではなくて、社会的に人との関係を取り持つ頭の中の仕組みが関係しています。したがって、他者とのやりとりを支えているのは、言語能力だけでなく、その多くが対人関係を処理する社会的な能力です。

　ダンバーというイギリスの霊長類学者は、他の動物に比べて人間の脳が飛躍的に大きくなったのはこの社会脳のおかげであるという研究成果を発表しています。人間の脳は、他の動物に比べて、100人以上もの人の顔を覚えて識別することで、良好な社会的関係を築きつつ、そうすることで共同社会をつくっているのです。このもとになった社会脳の発達が、脳サイズ拡大の最大の要因になっているのです。

　この社会脳にもとづくインタラクション能力は、どちらかといえば脳の表面に位置する認知脳とは異なり、少し脳の内側部にあり、感情・情動と関係する大脳辺縁系と近接した領域と関係があります。社会脳インタラクションの主な仕組みに次の3つがあります。

（1）メンタライジング

（2）ミラー（ニューロン）システム

（3）顔表情および視線の認識にもとづく共同注意

　まず、(1)メンタライジングとは、認知的に「他者（相手）の立場を推測する能力」を指しています。生後4歳ぐらいまでは、このメンタライジングの能力は発達していないといわれます。

　それを説明するものに「サリーとアン問題」があります。子どもたちに「バスケットの中に入っているサリーのおはじきを、サリーがその場を離れた間に、もうひとりの登場人物のアンが、自分のボックス

の中に移してしまう」という内容の紙芝居を見せます。この紙芝居を見せたあと、4歳児前後の子どもたちに、「戻ってきたサリーが、おはじきで遊ぼうとして、どこを探しにいきますか」という問題を与えます。そうすると、「今実際におはじきがあるアンのボックスを空けて探す」と答えてしまいます。4歳までの子どもは、自分自身が知っている知識にもとづいて、アンのボックスと答えてしまい、おはじきを移すところを見ていないサリーの立場になって考えることができないのです。この「他者の立場に立つ」ことが、4歳を過ぎるまでまるでできないことを示しています。そして、この他者の立場を推測する能力は大人になってもなかなか、習得できていないことが、その後の調査によりあきらかにされています。

　(2)のミラーシステムによる模倣能力ですが、これはイタリアのパルマ大学のリッツォラッティという研究者たちによって、マカクザルというお猿さんの頭の中（前運動野）に発見されました。これは頭の中の鏡のような仕組みで、相手の身振り、しぐさはもちろん、顔の表情が示す喜怒哀楽までも、そのまま脳内に映し出してしまう、そんなニューロン・システムです。人の場合には、運動前野だけでなく、他の補足運動野や、言語算出に関わる左下前頭回（ブローカ領域）などの広範囲にわたる神経ネットワークをつくっていると考えられています。そこでは、相手の身振りやしぐさはもちろん、顔の表情などをそのまま模倣するだけでなく、その相手の感情や気持ちまでも鏡のように再現する、そんな仕組みだと言われています。

　(3)顔の表情や視線の認識、さらに視線による別の対象への誘導、さらには同じ対象を共有するという共同注意においても、社会脳ネットワークが大きな役割を果たしています。古来、「目は口ほどにものを言い」と言いますが、顔の中でも特に視線については、それが感情や情動と深く関連した情報を他者に与えることがわかっています。

　脳の中で、扁桃体という好き嫌いなど感情をつかさどる領域は、記

憶の形成と深く関わる海馬のすぐ隣に位置し、両者は太い神経繊維で
密接につながっています。この扁桃体という感情に関わる領域が、脳
の病気などで損傷を受けた患者さんに対する視線認識実験があります[3]。
すなわち、図6のようにPC画面に視線の動きや矢印などを提示して、
損傷患者と健常者の視線誘導を行いました。

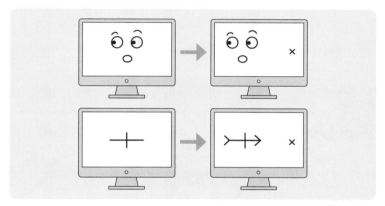

図6　PC画面に提示された、だ円と矢印付き線分による誘導例

　その結果、健常者はどちらの方法でもその方向への視線誘導は同様
に生じたのですが、扁桃体の損傷患者さんは、画面の中の矢印では誘
導されるものの、目の動き（視線）には一切反応しないことがあきら
かになりました。

　また相手の視線誘導にもとづいて、話し手と聞き手が同じ対象に視
線を合わせる「共同注意」に関する2日間にわたる研究があります。
まず、1日目に、初めて会ったふたりですが、2台のfMRIにそれぞれ
が入って、テレビ画面を通じて、まず互いに視線を共有し、その後共
通の対象に視線を誘導しあうという課題を実施してもらいました。そ
して、2日目には、同じふたりに再度fMRI内で視線共有をしてもらい
ました。共同注意を実施した後の2日目の視線共有では、右半球の下

3　加藤（2011）

前頭回の活動があらたに出現したのです。この右半球下前頭回は、左半球下前頭回のブローカ領域の右半球相当部位です。このことから、左ブローカなどの言語野を駆使した、対面による言語コミュニケーションでは、それと同時に右半球ブローカ相当領域が活動して、言語と非言語のコミュニケーションが同時に生じている可能性が指摘されています。

　以上お話しした、他者と社会的関係（インタラクション）を築く３つの仕組みが働いて、私たちの社会脳インタラクションが実現されていると考えられます。

5 DeepL翻訳とChatGPTを活用した発信型の英語ライティング力とスピーキング力の育成

　本書では英語のライティング能力の育成方法としてDeepL翻訳など機械翻訳を活用したバイリンガル・アプローチを推奨するとともに、生成系AI、とりわけChatGPTを活用した、社会脳インタラクションのシミュレーションにもとづくスピーキング（インタラクティブ・コミュニケーション）能力の育成を提案したいと思います。

　その具体的なトレーニング方法は、第4章～第6章で展開したいと思います。

　それでは、AIツールを活用した発信型の英語力育成に向けてチャレンジしていきましょう。

第 2 章

発信型英語学習に活用できる主な AI ツールと英語力指標としての CEFR

1 主なAIツール

　2022年11月末に彗星のごとく登場したChatGPTは、チャットを含めその高度な処理能力が多くの人を驚かせ、本格的な人とAIとの共生時代のはじまりとなりました。その後、最新の検索結果にもとづく、（Microsoft）Copilotや、Gemini、Claude（→いずれも p.39参照）などのAIも登場し、文字情報だけでなく、音声、画像、動画等に対応した能力を誇っています。また、それ以前からサービスを提供していた、オンライン機械翻訳（MT：machine translation）として、Goole翻訳やDeepL翻訳も高い精度と専門性を備えています。これらは、言語およびその他の処理にきわめて長けており、英語を学習する際にも大いに活用できるツールです。筆者としては、私たち日本人学習者にとって、これらのAIツールの登場により、従来よりも英語の学習がより個別最適化できることから、さらに効率的に学ぶ方法を真剣に追求する必要が出てきたという思いがあります。

　この章では、第1章でお話しした、(1)バイリンガル・アプローチに活用でき、さらに(2)会話（特にインタラクティブなコミュニケーション）を支える社会脳インタラクション能力（SBIC）を形成するためのシミュレーションに利用できる、AIツールにターゲットを絞って解説したいと思います。

　上記(1)(2)の目的別に、それぞれDeepL翻訳とChatGPTを本書では主たるAIツールとして取り上げます。

1 DeepL翻訳

DeepL翻訳は、高度なニューラル機械翻訳を提供するツールです。

複雑な文や専門的なテキストでも精度の高い翻訳が可能であり、学習者は日本語文章を英語など他言語に翻訳したり、さまざまな英文を日本語に換えて理解するのに活用できます。

　このDeepL翻訳の出現以来、「今の時代英語覚える必要ってあるの？」といった疑問が広がり、今後英語学習が本当に必要かどうか大いに議論されました[1]。確かに専門性の高いプロ翻訳者の目から見ても、使えるレベルになっているというコメントもあります。

　次の例は、ある公立大学の英語入試における和文英訳問題を取り上げ、予備校の模範解答とDeepL翻訳を並記したものです[2]。

問題文：

確かな感触を得た。これは自分さえ頑張れば叶わないことじゃない。何かが始まりそうな予感に胸が弾んだ。

模範解答：

I felt I could somehow do it. I thought it would not be impossible if I did my best. I got excited to find something wonderful would begin.

DeepL翻訳：

I got a solid feeding. This is not something that can't be achieved if only I try hard enough. I was excited by the feeling that something was about to begin.

　模範解答と比べて、遜色がないどころか、むしろより的確な英訳になっている箇所（例：a solid feeling, try hard、was about to begin等）も見られます。

---

1 日本の英語教育はコンプレックスビジネス？AI翻訳&デバイス時代でも必要？ ABEMA Prime（2021年11月25日放映）https://times.abema.tv/articles/-/10006710?page=1など。
2 成田（2023）

このように、書きことばの英訳、さらには和訳などの翻訳については、ほぼ機械翻訳でかなりのところまでできるようになりました。しかしながら、英語によるコミュニケーション、特に第1章で解説した言語以外の社会脳インタラクションを、機械翻訳で代用することは、少なくとも現時点では不可能です。このようなコミュニケーション能力を含めた英語での発信能力を身につけるには、機械翻訳だけに頼るのではなく、まずは自分で英文を書いてみることが必須です。その後、自身で書いた英語ライティングの問題点を削除・修正し、加筆する際に使う道具として活用する必要があります。

2　ChatGPT

　ChatGPTは、私たちの脳内の神経細胞（ニューロン）の仕組みをお手本にして、人が自然に行う作業をコンピュータに学習させた、機械による深層学習（ディープラーニング）手法で作られた生成AIです。インターネット上のあらゆる情報を網羅した超大規模コーパスを使い、言語を運用するための深層学習を事前に行って、次に出現する確率の高い語や表現を生み出すことを得意としています。

　しかし、次の諸点は留意する必要があります。

① 学習したデータに含まれない単語や文脈（状況）に対応することができない、
② 生み出された文章が、私たち人間の一般常識に反したり矛盾したりすることがある、
③ あくまでも深層学習による言語モデルであって、知識データによるものではないので、事実にもとづく回答を期待することは難しい。

　現在、無料版のGPT-3.5と、アップグレードされた有料版のGPT-4が利用できますが、後者のGPT-4は、GPT-3.5に比べてさらに精度が高く、大きな特徴として「マルチモーダル」（異なる種類の情報をまと

めて扱うこと）があります。文字テキストだけでなく、画像データや音声なども入力できるようになっています[3]。

ChatGPTでは、入力するプロンプトが重要で、英語および日本語でプロンプトを書いてもうまくいくようになっています。期待したような反応が得られないときには、決してあきらめずいろいろとプロンプト入力を試行錯誤してみると、だんだんと精度が上がってきます。これは筆者も実感しています。要は、みなさんご自身の英語学習にうまく使えるプロンプトをストックしていく必要もあります。現在、英語学習等に関係するプロンプトの入力例を参照できるサイトにPrompt Me-Mo[4] などがあります。

本書で第4章以降に展開する具体的なトレーニングにおいては、DeepL翻訳とChatGPTのふたつを主に使っていきます。

2 CEFRについて

CEFR（ヨーロッパ言語共通参照枠）は、欧州評議会[5]によって、長年の研究と実証実験の末に開発され、2001年に公開されました。正式には「外国語の学習・教授・評価のためのヨーロッパ言語共通参照枠[6]」と呼ばれ、言語の枠や国境を越えて、外国語の運用能力を同一の基準で測ることができる国際標準指標です。そこでは、学習者、教授する者および評価者が、外国語の熟達度を同一の基準で判断しながら、学

---

3 本書のコラム① (p.39)、② (p.53) を参照
4 http://langtest.jp/me-mo/
5 The Council of Europe
6 CEFR: The Common European Framework of Reference for Languages。次のサイトに簡潔な説明がある。 https://www.britishcouncil.jp/programmes/english-education/updates/4skills/about/cefr

び、教え、評価できるように開発されました。その外国語を使って「具体的に何ができるか」[7]という形で言語能力を表す方法を用いて、A（基礎段階の言語使用者）、B（自立した言語使用者）、C（熟達した言語使用者）にまず大別し、それぞれをさらに2段階に分け、A1・A2、B1・B2、C1・C2の6段階のCEFRの等級に当初は分類しました。

その後、2018年に、この6段階を基本としつつ、Pre-A1, A1, A2, A2+, B1, B1+, B2, B2+, C1, C2, Above C2 の11段階に区分され、各レベルについてもさらに詳細に記述されています[8]。

ここでは、各等級別に「何ができるか」を示したおおよその指標を、2001年版にもとづいて、表1に提示します[9]。

●表1　能力レベル別に「何ができるか」を示した熟達度一覧

A1	具体的な欲求を満足させるための、よく使われる日常的表現と基本的な言い回しは理解し、用いることができる。自分や他人を紹介することができ、住んでいるところや、誰と知り合いであるか、持ち物などの個人的情報について、質問をしたり、答えたりすることができる。もし、相手がゆっくり、はっきりと話して、助けが得られるならば、簡単なやり取りをすることができる。
A2	ごく基本的な個人情報や家族情報、買い物、地元の地理、仕事など、直接的関係がある領域に関しては、文やよく使われる表現が理解できる。簡単で日常的な範囲なら、身近で日常の事柄について、単純で直接的な情報交換に応じることができる。
B1	仕事、学校、娯楽などで普段出会うような身近な話題について、標準的な話し方であれば、主要な点を理解できる。その言葉が話されている地域にいるときに起こりそうな、たいていの事態に対処することができる。身近な話題や個人的に関心のある話題について、筋の通った簡単な文章を作ることができる。
B2	自分の専門分野の技術的な議論も含めて、抽象的な話題でも具体的な話題でも、複雑な文章の主要な内容を理解できる。母語話者とはお互いに緊張しないで普通にやり取りができるくらい流暢かつ自然である。幅広い話題について、明確で詳細な文章を作ることができる。

C1	いろいろな種類の高度な内容のかなり長い文章を理解して、含意を把握できる。言葉を探しているという印象を与えずに、流暢に、また自然に自己表現ができる。社会生活を営むため、また学問上や職業上の目的で、言葉を柔軟かつ効果的に用いることができる。複雑な話題について明確で、しっかりとした構成の詳細な文章を作ることができる。
C2	聞いたり読んだりした、ほぼすべてのものを容易に理解することができる。いろいろな話し言葉や書き言葉から得た情報をまとめ、根拠も論点も一貫した方法で再構築できる。自然に、流暢かつ正確に自己表現ができる。

　この欧州共通言語参照枠（CEFR）2001 年版をベースに、日本の英語教育での利用を目的に構築された、新たな英語能力の到達度指標に CEFR-J があります。この指標では、CEFR の A1 レベルの前にPre-A1 を加えて、さらに A1 から B2 までを細分化して、次の 10 段階のレベルを設定しています。

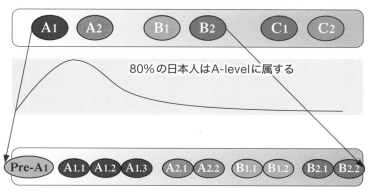

図1　CEFR-J のレベル設定 [10]

7　can-do descriptor
8　https://rm.coe.int/cefr-companion-volume-with-newdescriptors2018/1680787989
9　https://www.britishcouncil.jp/programmes/english-education/updates/4skills/about/cefr より。
10　投野（2012）より転載。

2018年度版

CEFR-J の指標は、「ことばを使って何ができるか」ということを文章で明示するCEFRと同様の方法で記述されています。これらは、さまざまな調査結果を用いて検証された内容です。その結果、約80%の日本人学習者は、A1とA2を含むA-level に属することが明らかになっています。

　本書4〜6章では、このCEFR-Jの指標を参考に、次の(2)の中級学習者を主たる対象に想定しつつも、(1)(3)の学習者のみなさんもカバーしたトレーニング素材を提供致します。

(1) 1〜3文程度の基礎的なライティングやスピーキングの力を身につけたいとお考えの「CEFR A1レベルの初級学習者」

(2) 100語〜150語程度の英文の発信能力（ライティング・スピーキング）を身につけ、将来の海外留学、海外赴任・出張に備えたいという「CEFR A2レベルの中級学習者」

(3) 本格的な英語エッセイ・ライティングをもとに、本格的な発信能力の習得を目指す、「CEFR B1・B2レベルの社会人・大学院生など上級の学習者」

　4章から6章ではみなさんに、具体的な学習素材をもとにしたトレーニング法を提示したいと思います。

コラム① ChatGPT以外のAIツール： Copilot、Gemini、Claude

　本書では、第2章で述べたとおり、ライティングからスピーキングにつなぐAIツールとして、DeepL翻訳とChatGPTを主に取り上げて、解説とトレーニングを展開しています。特に対話型AIについては、ChatGPT以外にも、MicrosoftのCopilot、GoogleのGemini、AnthropicのClaudeが代表的です[1]。

Copilot
https://www.microsoft.com/ja-jp/microsoft-copilot

Gemini
https://gemini.google.com/?hl=ja

Claude
https://www.anthropic.com/news/claude-3-family

CopilotはMicrosoftが提供するAIツールで、ChatGPTの有料版と同じく、GPT-4を採用しています。Windows11では、タスクバーのCopilotのアイコンをクリックするか、「winロゴ＋C」で直ちに起動できます[2]。大きな特徴としては、質問に対して閲覧中のWebページの内容を参照しながら回答してもうことができます（藤森, 2024）。例えば、図2は閲覧中のCNNの"sustainable airports"（持続可能性を追求した空港）の記事を左側に、画像右側にCopilotの英語と日本語の回答を表示しています。

図2　閲覧中のWebページと右側のCopilot回答画面 [3]

　Geminiは、Googleが開発した対話型AIで、当初はBardと呼ばれていたものが、バージョンアップされたものです。Google検索やGoogleマップなどのGoogleサービスとの連携機能があります。CopilotとGeminiのふたつはマルチモーダルAIとして、文字テキスト以外でも、標準でマイク、スピーカーをオンにすることで、音声入出力ができるようになっています。これにより本書が目指す、社会脳インタラクションにもとづく、ライティングからスピーキングへの発信型英語学習に応用することが可能になります。

　それに対し、2024年春に発表されたAnthropic 社のClaude 3は、ChatGPTやCopilotが採用するGPT-4を上回る性能があると評価されていますが、現時点（2024年5月）では音声入出力は搭載されていません。

1　2024年5月現在
2　Windows10でも、Edgeブラウザがあれば、右上の「Copilotアイコン」→「その他のオプション」→「通知とアプリの設定」→「Microsoftにアクセスを許可」をオンにしてアクセスできる。
3　https://edition.cnn.com/travel/gallery/sustainable-airports-c2e-spc/index.html

第 3 章

AIをあなたにとって最適な英語発信力強化コーチにする方法はこれだ！

発信型英語の習得にAIツールを活用するための学習ステップ

1 AIツールを活用した バイリンガル・アプローチ

　英語など外国語の学習・教育において、学習者の母語を一切使用しないで、外国語を身につけようとする「モノリンガル・アプローチ」に対し、母語と関係づけながら行う発信型英語の学習方法は、「バイリンガル・アプローチ」と呼ぶことができます[1]。このアプローチで主に活用できるAIツールが、DeepL翻訳などのMT（機械翻訳）[2]です。さらに作成した英文の文法・語法チェックから、発音チェックを経て、社会脳インタラクションをシミュレーション（模擬的実行）するのに役立つのがChatGPTなどの対話型AIです。本章では、これらのAIツールを活用して、ライティングからスピーキングにつなぐ英語の発信能力を養成する学習ステップを提案したいと思います。

　英・日相互翻訳にもとづくバイリンガル・アプローチにおいて、学習の最初のステップを、母語にするか、外国語からはじめるかは、学習成果に重大な影響をおよぼすとても大切な問題です。

1　日本語からはじめるアプローチ

　これまでMTをライティング学習に応用しようとする一般的な方法は、次の順序で行うものでした。

図1　日本語からはじめるアプローチ

　1　第1章参照、2　machine translation

これまで日本語で作文をし、それを翻訳しやすい日本語に変更する「前編集（プリエディット）」を行い、その上でMTにかけることが推奨されました。つまり、日本語作文の後に、「MTが英語に訳しやすい日本語の表現を心がけよう」という趣旨で前編集を行うことで、あいまいさを排した、明快な日本語を事前に作成することが重要だと考えられてきたのです。特に、主述関係があいまいな文（例：私の家は京都です、父はトイレです）や、二重主語構文「例：象は鼻が長い、牡蠣は広島が本場だ」、慣用表現「例：いただきます、今後とも何とぞよろしくお願い申し上げます」のような文は、それぞれ「私の家は京都にあります、父はトイレに入っています」や、「象は長い鼻を持つ、広島が牡蠣の本場だ」、「これから食べます、今後とも仲良くお付き合いください」などと訳しやすい日本語に変えることが推奨されました[3]。ただ、試していただければわかりますが、現在ではこの前編集（プリエディット）はほとんどその必要がなくなっています。

しかしながら、このようなやり方では日本語を明快に書くというトレーニングにはなっても、当然のことですが、ライティングなど英語発信能力の向上にはつながりません。

2 英語からはじめるアプローチ

これに対して本書で提案したいのは、英語からスタートするバイリンガル・アプローチです。AIツールを活用して英語力、特に英語発信力を伸ばすには、まずは自分で、日本語ではなく、必ず英語の文を先に作ってみることが必要です。その上で、DeepL翻訳を使って英日翻訳、日英翻訳を行います。

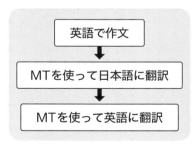

図2 英語からはじめるアプローチ

3 馬場（2019）

そうすれば英語の誤りを修正してもらい、その後、第1章でお話しした、相手を想定したインタラクティブ・コミュニケーション（社会脳インタラクション）を模擬的に実行（シミュレーション）することで、ChatGPTなどのAIツールは学習者のみなさんひとりひとりにとって最適な英語力強化コーチに変貌するのです。

　以上のようにまず英語を書くことからはじめるという方法をとることで、MTや生成AIを活用して、ご自身の英語ライティング力、さらにはスピーキング力につながる英語発信能力をアップすることができます。

2 英語ライティングからスピーキングにつなぐ学習ステップ

　本書で提案する、ライティングからスピーキングにつなぐ学習ステップは、筆者自身が2023年度の英語授業で採用した活動にだいたいもとづいています。次の図3をご覧ください。

① 与えられたタスクで「英文＋質問」を作成（ワープロ入力）

↓

②「英文＋質問」をDeepL翻訳で和訳

↓

③ 和訳チェックをしてDeepL翻訳で英訳

↓

④「英文＋質問」をChatGPTにリード・アンド・ルックアップ（あるいはリテリング）してその反応を聞く

↓

⑤ 誤りを訂正されたらその文を使って、訂正されなかった
　　らそのままChatGPTと対話

↓

⑥ ChatGPTと可能な限り対話を継続

図3　英語ライティングからスピーキングにつなぐ学習ステップ

図3の各ステップの学習内容は次の通りです。

① 与えられたタスクで「英文＋質問」を作成 （ワープロ入力）

　まずはみなさんご自身が与えられたタスクで英作文して、それに相手への質問を、簡単なものでよいので、付け足すことからスタートします。この質問を付与するということが必須で、後のインタラクションにつながるキュー（手がかり）になります。初級（第4章）、中級（第5章）、上級（第6章）にそれぞれのレベルに相応しいタスクの例題と問題が用意されています。

② 「英文＋質問」をDeepL翻訳で和訳

　次に、DeepL翻訳にご自身が作文した英語を入力して、日本語に翻訳してもらいます。通常は、入力した言語により、英語や日本語を自動判別して、その隣のボックスに和訳が出てきます。

③ 和訳チェックをしてDeepL翻訳で英訳

　自分が意図した日本語の文になっているかどうか考えて、もし少し

でも違えば、日本語を訂正します。「ですます体」と「である体」も、よく混じり合っていますので、どちらかに統一します。そして再度日本語の文をDeepL翻訳で英訳します。これで「英文+質問」は、ひとまず完成です。この次のステップからは、ChatGPTとの口頭によるやりとり（インタラクション）に移行します。

しかしながら、ここでまだ作成した英文に間違いがないか心配がある、また英文をどのように発音したらよいかわからない、さらに発音がうまくChatGPTに伝わるか自信がない、という方もおられるでしょう。そのときは、③に次の@ⓑ©を追加するとよいでしょう。

```
③-@ Grammarlyで英文の文法・文体をチェック
        ↓
③-ⓑ Google翻訳に英文をペーストして読み上げさせる
        ↓
③-© 読み上げ音声をもとに発表練習し、Googleドキュメ
      ントに自分の英語発音を書き取らせる
```

図4　ChatGPTとのやりとりに入る前の追加のオプショナル学習ステップ

③-@：Grammarlyという英文の文法・文体チェックができるサイトがあります。ここでは、チェックのゴールを右図から選んで設定して、添削を開始できます。第4〜6章の各タスクに従って、適当なゴール設定をしてください[4]。

audience: general
formality: neutral
domain: general
intent: tell a story

有料版にすれば、さらに詳細な、特化した修正提案がもらえるよう

4　図の中はほぼ次のような意味。
読み手・聞き手：一般、文章の形式度：通常、分野：一般、目的：ストーリーを語る

ですが、無料版でも十分な添削をしてくれます。

③-ⓑ：英文の読み上げには、さまざまなサイトがありますが、Google翻訳が簡便です。左側のボックスに、上記の最終版の英文をコピー・ペーストし、スピーカーアイコンを押して、読み上げてもらいます。この音声は、スマホやICレコーダに録音して、何度も聞いて、自信がない箇所を中心に発音の仕方をチェックしましょう。英文を見ながら音声の後について繰り返すとよいでしょう。

③-ⓒ：Googleドキュメントを作成し、英文を音読して、音声入力します。入力する際はEnglish(United States)などを選びます。そして、うまくディクテーションしてもらえるかチェックします。ただ、発音が問題なく伝わるかどうかは、ChatGPTへの入力でもわかります。したがって、この③-ⓒ のステップはスキップしてもまったく問題ないでしょう。

④「英文＋質問」をChatGPTにリード・アンド・ルックアップ（あるいはリテリング）してその反応を聞く

完成した「英文＋質問」をChatGPTに入力してインタラクションを開始します。

ChatGPT の バ ー ジ ョ ン は、無 料 のChatGPT と 有 料 版 のChatGPT-4があります。ブラウザーとしてGoogle Chromeの使用が前提となりますが、VoiceWaveという音声コントロール拡張（extension）を導入することで、どちらも英語での音声入力が可能になります。

その際、次ページの図のとおり音声認識と音声合成 (TTS)をアメリカ英語に設定すれば、ChatGPT に話しかけて理解されると、自然なアメリカ英語発音で応答が返ってきます。参考にしてください。

音声入力言語を設定します。Japanese(Japan) など様々な言語が選べます。ここでは英語音声の入力ですので、English (United States) を選択します。

英語を音声でChatGPTに送信することばを決めます。

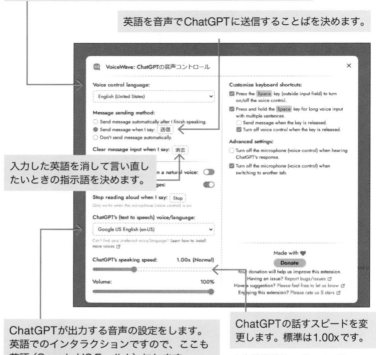

入力した英語を消して言い直したいときの指示語を決めます。

ChatGPTが出力する音声の設定をします。英語でのインタラクションですので、ここも英語 (Google US English) にします。

ChatGPTの話すスピードを変更します。標準は1.00xです。

↑上記画面は、 Google Chrome に対応する拡張機能 VoiceWave の設定画面です。 p.54 参照。

　VoiceWaveの設定方法の一例です。ここではチェックしていませんが、Hear ChatGPT's response in a natural voice（ChatGPTの自然な音声を聞く）という項目もオンにしたほうがよいでしょう。

　このような音声設定をした上で、ChatGPTへのプロンプトを入力します。できる限り具体的に作業を特定して、どんな回答が欲しいか明記します[5]。

5 第4〜6章のトレーニングでは、それぞれのレベルに応じた具体的なプロンプト例を掲載します。

You are an excellent English teacher who also speaks Japanese. Please pretend to be a human being and converse with me in English. All conversations must be in English, and you must respond in concise English. If I make a mistake, please correct me. Please explain this correction in Japanese.

訳：あなたは日本語も話せる優秀な英語の教師です。人間になったつもりで私と英語で会話をしてください。会話はすべて英語で行い、簡潔な英語で返答してください。もし私が間違ったときは訂正してください。この訂正は日本語で説明してください。

　留意する点として、上記のようにプロンプトを入力し、ChatGPTから了解した旨の返答があっても、しばしば、I am a computer program, so I don't have feelings or emotions.（コンピュータプログラムなので、感情は持ち合わせていません）などといった答えが返ってくるときがあります。そのときには、「人間になったつもりで会話（返答）してください」"Please give me back your response as if you were human."と文字や音声で入力します。そうすると、非礼をわびつつ、人のように返事をしてくれますので、すぐにあきらめないようにしましょう。

　また、英文の後に付与する質問は、基本的にyes-noよりも、5W1H（what, who, why, when, where, how）を使ったものがよいでしょう。この「英文＋質問」の音声入力は、ⓐリード・アンド・ルックアップか、ⓑリテリングのいずれかの方法で行います。

ⓐ　リード・アンド・ルックアップ（read and look-up）

　リード・アンド・ルックアップとは、書いた英文を見ながら音読す

るのではなく、句・節単位ごとに斜線を引くなどして区切られた英文をもとに、いったん句・節単位で一時的に記憶し、その後テキストから目を離して、相手（ChatGPT）に向かって発話する方法です。これは音読を他者との社会脳インタラクションに変える方法であると言えます。

次例では、英文を句(/)や節(//)の切れ目で記憶し、テキストから目を離し、その後ChatGPTに話しかけます[6]。

リード・アンド・ルックアップの例

After eleven months / clean water appeared / in the well. // The well was an amazing / forty nine point three meters deep. // When the people saw the well / made with their own hands // they said / "This present / is more wonderful / than money." // How do you feel about this? // Who do you think they give the present to?//

ⓑ リテリング(retelling)

リテリングは、簡単なメモを見ながら、話しかけるタスクです。例えば上記の英文では、

eleven months　water　well　deep　this present　more wonderful

などの語（句）をメモし、それらを見ながら言うか、内容をほとんど記憶し、思い出しながら話しかけます。語（句）を言い換えて別のことばにしてもよいでしょう。

右ページ上はリテリングの例です。

リテリングの例

Eleven months later, water came back in the deep well, and people thought this is a more wonderful present. How do you feel about this? Who do you think they give the present?

初級の「短い英文+質問」（第4章）ではリード・アンド・ルックアップが適していますが、中級以上の「やや長い英文+質問」（第5-6章）の場合は、ぜひリテリングにチャレンジしてみてください。それがスピーキング能力につながるトレーニングになります。

---

⑤ 誤りを訂正されたらその文を使い、もし訂正されなかったらそのままChatGPTと対話

ChatGPTに話しかけると、すぐに返事が返ってきます。ただ、単に「簡潔な英語で」ではなく「30語以内」と語数を指定し、訂正を求める際も「日本語で説明してほしい」とするほうがよいと思います。

---

⑥ ChatGPTと可能な限り対話を継続

その後は、みなさん各自で、ChatGPTとのやりとりを継続してください。あくまでも人間になったつもりで返答してほしいと、繰り返し伝えましょう。

最後に、上記ステップ④で、ⓐのリード・アンド・ルックアップの方法で英文をChatGPTに入力したときの反応を次ページに紹介します。

The story sounds inspiring. It shows the value of hard work and community effort. The "present" seems to be the clean water or the well itself, given to their community or perhaps to future generations. The use of "they said" suggests a collective appreciation.

訳: この話は心に響くものがあります。勤勉であることや地域社会の取り組みの価値を示しています。「プレゼント」とは、彼らのコミュニティやおそらく将来の世代に与えられた、清潔な水や井戸そのものを指しているようです。「彼らが言った」という表現からは、共同で感謝している状況が感じられます。

同様に、51ページの「リテリングの例」を入力したときのChatGPTの反応は次の通りでした。

It's uplifting. It highlights the joy and value of sustainable resources. The "present" likely refers to the water, symbolically given to their community or future generations by nature or their collective effort.

訳: 心を高揚させるお話です。持続可能な資源をもつ喜びや価値を浮き彫りにしています。「プレゼント」とは、自然や共同による努力によって、そのコミュニティや将来の世代に象徴的に与えられた「水」を指していることでしょう。

なお、音声・文字どちらの入力でも、同様の回答がChatGPTから得られました。回答はとても肯定的で好意に満ちています。

みなさんはいかがと思われましたか？

英語学習の観点で、対話型AIの
音声の入・出力等を比較する

　さて、英語学習をされている読者のみなさんが、どのAIを使えばよいかは、もちろん用途や好みによって変わってくると思います。

　マルチモーダルAIとしての使用を前提とするなら、ChatGPTでは有料版（月20ドル）の契約をする必要がありますが、Gemini、Copilot、Claudeなら、画像や動画への対応が、無料版でも現時点でなされています。

　しかし、文章作成においては、ChatGPTが、有料版の4はもちろん無料版の3.5でも、これまでの実績からしてやや上回っているというのが筆者の率直な感想です。無料版でマルチモーダルに対応しているGemini、Copilot、Claudeのほうを選択したいとお考えの方も多いと思います。しかし、ChatGPTがそうであったように、**今後無料版と有料版ではますます大きな格差が生じる可能性は高いと思います**。また、マルチモーダルAIは多種多様なメディアを扱えるものの、AIのモデルによっても得手不得手があることも留意する必要があるでしょう。

　また、ChatGPTは、これらの中では最も先駆的で「一日の長」があり、Google Chromeなどで対応する拡張機能としてさまざまなものが開発されています。例えば次のようなものがあります。

① 音声入出力：ChatGPTの音声コントロール

　本書第3章で解説した、VoiceWaveを使用する場合、Google Chromeに入れると、アメリカ英語、イギリス英語ほかで自然な声で音声出力（合成）ができます。音声入出力に活用できさまざまな設定も可能で、この点が英語学習上は最も便利かと思います。これに対し例えばCopilotなどでは、一度音声入力を完了するとすぐにマイクが消えてしまうように、システム上での問題によって左右されるなど、やや使いづらい面があるようです。

② Glasp社のChrome拡張機能

「YouTube Summary with ChatGPT & Claude」なども優れものです。
YouTubeの動画の文字起こしや要約をしてくれます。

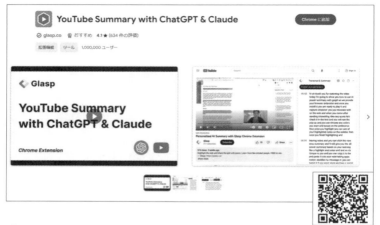

③ オリジナルの英単語帳を作る作業

第7章の中で紹介する英単語帳を作成する作業(p.218~)では、
ChatGPTを激励しつつ最後までやり遂げることができました。しかし、他
のAIでは、あくまでも半年程度の筆者の体験ですが、完遂する前になぜか作
業をストップしてしまいました。

以上、各対話型AIにはそれぞれいいところがあり、ケースバイケースで選
ぶことになると思います。

最後に、本書では筆者が最も馴染んでいるChatGPTを使用して、発信型
英語学習への活用法を提案しています。しかし、今日のAI、特にマルチモー
ダルAIはまさに、日進月歩(時進日歩)です。その中で、ChatGPTとは異な
るCopilot、Gemini、Claudeなどを利用されたとしても、発信型英語学習
の実行に支障がない素材と方法を本書は提供しています。

この点、どうかご心配されずに本書での解説を参考に活用してください。

英語で**1**文から**3**文を
書いて GPT と話してみよう

第 **4** 章

学習ステップ：

初級編

レベル1：対象読者＜CEFR A1＞

第4章のねらい

　レベル1（CEFR A1）の学習者を対象に、次の①②の「ライティング＋スピーキング」の学習タスクを実行します。

タスク①：他者とのインタラクションを意識した「英文＋質問」のライティングを実践します。
タスク②：タスク①で作成した「英文＋質問」を、リード・アンド・ルックアップの方法[1] で、ChatGPTに発話し、社会脳インタラクション[2]のシミュレーション（模擬的実行）を実践します。

☑ 留意点

　ChatGPTに対して、身近な相手（友だち、上司、家族、仕事・趣味仲間など）との社会脳インタラクションを意識した「英文＋質問」を作文し、さらに発話することで、距離感のない親しい人たちとのインタラクション（やりとり）を意識したスピーキング力の習得をめざします。特に、相手の意図や立場を認知的に推測する「メンタライジング」、相手の気持ち・情動を理解する「ミラーリング」、相手の表情認知や視線共有から、共同の注意対象を意識するといった社会脳インタラクションを、積極的にイメージするシュミレーションをAIと実施する、そのようなトレーニングです。

---

1 第3章　2 (*p.*49〜)
2 第1章　4 (*p.*26〜)

　本章の学習ステップは、DeepL翻訳は使わず、もっぱらChatGPTを使用して、次のように簡略化して実施します。

①　与えられたタスク「英文＋質問」を作成（ワープロ入力）

②「英文＋質問」をChatGPTにリード・アンド・ルックアップしてその反応を聞く

③誤りを訂正されなかったらそのまま、訂正されたらその文を使ってChatGPTと対話

④ChatGPTと可能な限り対話を継続

図　本章の学習ステップ

メモ　CEFR-J（日本語版）Level A1　書くことのCan-Dos

①住所・氏名・職業などの項目がある表を埋めることができる。

②簡単な語や基礎的な表現を用いて、身近なこと（好き嫌い、家族、学校生活など）について短い文章を書くことができる。

③自分の経験について、辞書を用いて、短い文章を書くことができる。

④自分について基本的な情報（名前、住所、家族など）を辞書を使えば短い句または文で書くことができる。

⑤簡単な語や基礎的な表現を用いて、メッセージカード（誕生日カードなど）や身近な事柄についての短いメモなどを書ける。

⑥趣味や好き嫌いについて複数の文を用いて、簡単な語や基礎的な表現を使って書くことができる。

入力したChatGPTへのプロンプト

　ChatGPTへのプロンプトは、第3章でも解説しましたが、本章のタスクの実施前には、次のように、語数（30語以内）を指定しておきましょう。こうしないと、長々とした文章が英語で返ってきますので、注意が必要です。

You are an excellent English teacher who also speaks Japanese. Please pretend to be a human being and converse with me in English. All conversations must be in English, and you must respond in concise English, 30 words or less. If I make a mistake, please correct me. Please explain this correction in Japanese.

あなたは日本語も話せる優秀な英語の教師です。人間になったつもりで私と英語で会話をしてください。会話はすべて英語で行い、30語以内の簡潔な英語で返答してください。もし私が間違ったときは訂正してください。この訂正は日本語で説明してください。

　上記の英文に対するChatGPTによる英語での返答（例）として2通り（①②）を記します（同様の趣旨ですが他の答えが返ってくることももちろんあります）。

🌀 ① Of course! I'm here to help. Feel free to ask any questions or start a conversation, and I'll correct any mistakes and explain in Japanese as requested.

🌀 ② Certainly! Let's have an English conversation. Please feel free to start and I'll provide corrections or guidance in Japanese if needed.

　こうすることで、ChatGPTに英文をチェックしてもらいながら、ライティングし、それをもとに双方的なインタラクションをバーチャル（疑似的）に実行できるようになります。

　また、第3章でも書きましたが、「コンピュータプログラムなので、感情は持ち合わせていない」といった答えが返ってきても、「人間になったつもりで会話（返答）してください」と、めげないで入力しましょう。

　前置きはこれくらいにして、実際に学習を始めていきましょう。
　本章では、

　① 日本語から英語へのテーマ別ライティング
　② 絵・写真の描写ライティング
　③ 対話形式の英語ライティング
　④ 慣用表現にもとづく英語ライティング
　⑤ 3文英文日記ライティング

の5種類の、ChatGPTとのインタラクションを含めたトレーニングを、紹介していきます。

　例題では、《間違いがない場合》と《間違いがある場合》の2通りに分けて提示します。ここでUserは読者のみなさんの作文や発話です。

1　これからの予定

> **例題1**　次の週末には、公園に行って友だちと遊びたいと思ってるけど、どう思う？

◎ 間違いがない場合 　(◀) 02

① User　Next weekend I'd like to go to the park and play with my friends. What do you think?

② 🟢　That's a great plan! Enjoy your time at the park with your friends next weekend.

③ User　Thank you so much. The park is a very beautiful place for us to enjoy.

　🟢　You're very welcome! I hope you have a fantastic time at the beautiful park with your friends.

① 間違いがある場合

① User　Next weekend, I like to going to the park and play with the friends, but what do you think this?

② 🟢　That sounds like a great plan for the weekend! However, you can improve the sentence like this: "Next weekend, I'd like to go to the park and play with my friends. What do you think?"

③ User Thank you. Next weekend, I'd like to go to the park and play with my friends. Are you coming with us? I mean to the park.

I appreciate the invitation, but I'm not able to physically go to the park with you. Enjoy your time with your friends at the park!

> 例題2　Bettyと今度の日曜日食事し、その後カラオケに行くんだ。あなたは？

◎ 間違いがない場合　（🔊 03）

① User I'm going to have dinner with Betty next Sunday and then go to karaoke. How about you?

② That sounds fun! I'm just a computer program, so I don't eat or go to karaoke. What will you sing?

③ User My favorite karaoke song is "Into the Unknown" by Idina Menzel.

"Into the Unknown" is a popular song from the movie *Frozen 2*. Many people love it. It's a great choice for karaoke!

User Thank you so much. By the way, can you suggest another song by Idina Menzel?

Certainly! Another popular song by Idina Menzel is "Let It Go" from the movie *Frozen*. It's a hit song that's sung at karaoke by many people. Give it a try!

❶ 間違いがある場合

① User I will have a dinner with Betty next Sunday and then go singing karaoke. What about that?

② It sounds like a wonderful plan! Spending time with friends and singing karaoke is always fun. Enjoy your evening with Betty!

訂正: I will have dinner with Betty next Sunday and then go sing karaoke. です。a と -ingは不要です。

③ User Thank you for your correction. I will have dinner with Betty next Sunday and then go sing karaoke. My favorite song is 'My Heart Will Go On' by Celine Dion. What do you think?

That's a timeless classic! Such a powerful ballad. What other genres do you enjoy?

　みなさんも、実際にChatGPTにアクセスして、上記例題を実行してみてください。また違った反応が返ってくるかと思います。

問題 のやり方

以下の問題では、間違いのある場合も、ない場合も、ご自分の作文とChatGPTの作文を、別紙またはワードなどのソフトを用いて記入していきましょう。

①日本語の問いに対するあなたの答え
②①のあなたの答えに対するChatGPTの応答
③さらなるあなたの答えと、それに対するChatGPTの応答

問題1 来週大阪出張だ。君はどこかに出張？

問題2 夕方会議が長引きそうで遅くなるよ。夕飯は外でいっしょに食べよう。大丈夫？

問題3 頭が痛い。よかったら頭痛薬をくれないか。

問題4 今日もいつも見ているテレビドラマ録画予約してくれる？　お願い……

問題5 夏休みはヨーロッパを旅してまわる予定よ。あなたも一緒に行く？

*問題1~5の英文例はp.86にあります。

2 「好きなもの」についての応答

例題1 私の好きなスポーツはテニスです。あなたもスポーツは好き？

◎間違いがない場合　(�))04

① User My favorite sport is tennis. Do you like sports?

② 🌀 Yes, I like sports too! Tennis is a great choice. Do you play often?

③ User Yeah, I play tennis almost every day after work. How about you?

🌀 I don't play tennis, but I enjoy watching it. What's your favorite part about playing tennis?

ⓘ間違いがある場合

① User My favorite sport is playing tennis. Do you like a sport?

② 🌀 Yes, I enjoy several sports, including running and swimming. How long have you been playing tennis?

63

訂正：do you like a sportという質問は、一般的にはDo you like any sports?と表現します。

③ User Thank you for your correction. I have started to play tennis when I was a junior high school student.

⑤ Well, I think I started to play tennis when I was a junior high school student.

訂正：時制の整合性を保つため、I have startedをI startedに変更しました。have startedは現在完了形で、過去の特定の時点を指す場合は単純過去形を使います。

| 例題2 | 私は海外旅行が大好きです。あなたも旅行は好きですか？ どこに行きたいですか？ |

◉間違いがない場合 🔊 05

① User I love traveling abroad. Do you like traveling too? Where do you want to go?

② ⑤ Yes, I love traveling! I'd like to visit Japan. What's your favorite destination?

③ User I want to visit Seoul and go shopping there. What do you think?

⑤ That sounds great! Seoul is a fantastic place for shopping. Have you been there before?

User No. But my friends often go shopping and sightseeing there.

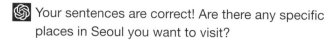 Your sentences are correct! Are there any specific places in Seoul you want to visit?

❗ 間違いがある場合

① User I like to traveling overseas. Do you like traveling, too? Where do you want to go?

② 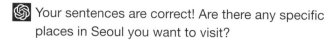 I enjoy traveling too! I'd love to visit Japan someday. How about you? Where's your dream destination?

訂正: I like to traveling overseasはI like traveling overseasに修正するべきです。likeの後には動名詞がきます。

③ User Thank you for your doing this. I want to go to New York, Manhattan, to see the musicals and movies.

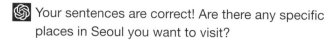 Thank you for doing this. I want to go to Manhattan, New York, to see the musicals and movies.

訂正: for your doing thisをfor doing thisとしました。「Thank you for + 動名詞」が自然です。

User Continue the conversation with me. All right?

 Of course! Manhattan is a great choice—so much culture and excitement. Have you thought about which musicals or movies you'd like to see there?

問題 のやり方

以下の問題では、間違いのある場合も、ない場合も、ご自分の作文とChatGPTの作文を、別紙またはワードなどのソフトを用いて記入していきましょう。

①日本語の問いに対するあなたの答え
②①のあなたの答えに対するChatGPTの応答
③さらなるあなたの答えと、それに対するChatGPTの応答

問題1 私の好きな食べ物はアイスクリームです。あなたも好きですか？ どのフレーバーが好き？

問題2 私はバスより電車のほうが好きです。あなたはどちら？

問題3 私は北海道のこの寒い気候が好きです。あなたも好き？

問題4 私は犬より猫のほうが好きです。あなたは犬と猫、どちらが好き？

問題5 私は毎晩本を読みます。あなたが毎日していることは？

＊問題1～5の英文例はp.86にあります。

以上、「これからの予定」と「好きなもの」というふたつのテーマについての例題と問題例をあげました。

引き続き、3つの日常的なテーマ、「日常の出来事」「学校・職場」「自分の家族」で、これまでの要領でライティングして、ChatGPTに対して、インタラクションを実行してみましょう

3 「日常の出来事」についての応答

問題1 今朝、通勤中に電車が少し遅れて、いつもより混んでいました。電車は空いていた？

問題2 昼休みに新しいカフェを試してみたら、コーヒーがとてもおいしかったです。あなたも今度一緒に行かない？

問題3 昨日の夜は友人と映画を見に行きました。とても感動的なストーリーでした。その映画、興味ある？

問題4 週末には近くの公園で花見を計画しています。桜の花が満開になるといいですね。花見は好きですか？

問題5 最近、健康のために毎日10,000歩を歩くようにしています。歩数計が役立っています。歩数計は使ってみた？（歩数計：pedometer）

＊問題1~5の英文例はp.86にあります。

4 「職場や学校」についての応答

問題1 私の学校は図書館が広くて静かです。あなたの学校や職場にはどんな設備がありますか？

問題2 私のオフィスは冷房が効きすぎて寒いことがありますが、あなたの職場は快適ですか？

問題3 大学での友人との昼食は一日の楽しみのひとつです。あなたは、誰とよく昼食を共にしますか？

問題4 仕事の後に同僚とスポーツジムに行くのが習慣になっています。あなたは仕事や学校の後にどんな活動をしてリフレッシュしますか？

問題5 私は通勤に電車を使っています。あなたは通勤に何を使っていますか？

＊問題1〜5の英文例は*p*.86にあります。

5　「自分の家族」についての応答

問題1　私の家族は四人家族で、よく一緒に映画を見に行きます。
　　　　　あなたの家族は一緒に何を楽しむ？

問題2　父は週末にガーデニングをして過ごすのが好きです。あ
　　　　　なたの家族で特別な趣味を持っている人はいる？

問題3　母はとても上手に手料理を作ります。あなたの家庭では
　　　　　誰が料理担当？

問題4　妹は大学で医学を勉強しており、将来は医者になりたい
　　　　　と考えています。あなたの家族で、医者はいますか？

問題5　私の家族は毎年国内旅行に行くのが恒例です。あなたの
　　　　　家族は旅行に行くとき、どんな場所を選ぶ？

＊問題1~5の英文例はp.87にあります。

Unit 2　絵・写真を描写する英文

　ここでは主として、絵（イラスト）をもとにした1文ライティングをもとにChatGPTとのバーチャルなインタラクションを展開するタスクです。

例題1

　この絵の内容を考えて1文ライティングをしましょう。例題では、「テレビで天気予報を見ている男性」というイラストを想定して進めていきます。

◎間違いがない場合　(🔊 06)

① User　He's watching the weather forecast on TV, isn't he? What's your idea?

② ⑤　Yes, he is. Watching the forecast helps plan for the day. What about you?

③ User　Yes, I think so, too. Thank you for your response.

❶間違いがある場合

① User He's watching the weather forecast on TV, isn't he? What's your idea?

② 🔷 Yes, he is watching the weather forecast on TV. I think it's a good way to plan activities.

③ User Well it may be that he's thinking whether he should take an umbrella tomorrow.

🔷 Your sentence is almost correct. A small correction: "Well, he might be thinking about whether he should take an umbrella tomorrow."

訂正：well it may be thatは少し不自然です。より自然にするために、Well, he might be thinking aboutという表現を使います。

例題2

ここでは、「ICカードにチャージしている女性」という内容を想定して進めていきます。

◎ 間違いがない場合 🔊 07

① [User] I think she is charging her IC card. Do you think so, too?

② [⑤] Yes, I do. It is important that she charges her IC card for a smooth transit.

③ [User] Yeah, I use an IC card almost every day. How about you?

② [⑤] I don't use IC cards. But I understand their importance in daily life. How often do you charge yours?

❗ 間違いがある場合

① [User] I think she is picking up her money in the cashing machine in the bank. What do you think?

② [⑤] It looks like she's using a machine for a smart card, not withdrawing money from a bank.

訂正：The phrase "picking up her money" isn't quite right in this context. "Withdrawing money" is more accurate for getting cash from a machine.

③ [User] Thank you. But tell me what is a smart card for?

[⑤] A smart card stores data electronically and is used for various purposes, such as paying for public transport, accessing sucure areas, as an ID card.

　以上の例題を参考に次ページの問題では、イラストを見て英文を作ってください。最後に、ChatGPTに質問などをして語りかけることを忘れずに！　ワードのようなワープロソフトを用いて問題1～6で作った英文を記録しておきましょう。

絵や写真の描写

 問題1から6のイラストを下の語彙を参考に描写してください。そのあと①から⑥の手順でChatGPTとやりとりをしてみましょう。

①あなた＋質問 ➡ ②ChatGPT ➡ ③あなたとChatGPTの応答

問題1

【参考語彙】pour（注ぐ）

問題2

【参考語彙】gym（ジム）、runnning machine（ランニングマシーン）

問題3

【参考語彙】shampoo（シャンプーする）でもwash（洗う）でもよい

問題4

【参考語彙】do calligraphy（習字をする）

問題5

【参考語彙】stairs（階段）

問題6

【参考語彙】a plain ticket（航空券）

＊問題1~6の英文例はp.87にあります。

73

Unit 3 対話英作文

　ここでは、主として他者の発話をもとにそれに対する 1 文ライティングをして、ChatGPTと会話する方法を学習します。

> 例題1 「あなたは誰と住んでいるの？」「あなたの好きな食べ物は何？」という問いから、ChatGPTと会話をしてみてください。

◎間違いがない場合　(🔊 08)

Who do you live with?

① User My family. I'm married. And I have three daughters.

② 🌀 That's wonderful! How old are your daughters?

③ User They are all teenagers.

　🌀 That must be a lively household! Do they all get along well?

❗間違いがある場合

What's your favorite food?

① User Japanese udon noodles. They are white noodles. Would you like to go sometime?

② 🌀 I don't eat, but I love discussing food! Udon is delicious. How often do you eat it?

74

訂正：Would you like to go sometime?をWould you like to try it sometime?とすると、意味が正確になります。

③ User I go to eat udon almost everyday. Do you think I eat too much udon.

🔵 It's all about balance and nutrition. If you enjoy it and feel healthy, it's okay. Just ensure variety in your diet.

例題2	「あなたは自由な時間に何をしているの？」「いつもはどうやって移動しているの？」という問いから、ChatGPTと会話をしてみてください。

◎ 間違いがない場合　🔊 09

What do you do in a free time?

① User I relax and sleep. My everyday life is so stressful. I like to get massages too.

② 🔵 Taking time for self-care is important. Massages are a great way to de-stress. Do you also practice meditation or any other relaxation methods?

③ User I enjoy playing computer games. That's how I relax.

🔵 That's great! Computer games can be a fun escape. What kind of games do you like to play?

⚠️ 間違いがある場合

How do you get around usually?

① User By train and bus. I would often use my bike. But I was stolen it last month.

② 🔄 You said, "But I was stolen it last month."

訂正 : "But it was stolen from me last month." とすると正しい英語です。

I'm sorry to hear that. Losing a bike is frustrating. Do you think of getting another one soon?

③ User Oh not soon. I have to save money to buy a new bike. Can you suggest a good albaito for me.

🔄 You said, "albaito."

訂正 : " アルバイト " in Japanese is "part-time job" in English.

Sure! What are your skills or interests? For example, working in a cafe, convenience store, or teaching English might be options.

　問題では、間違いのある・なしに関わらず、あなたの作文と、ChatGPTの発話を記入していきます。

問題　対話英作文

①あなた＋質問 ➡ ②ChatGPT ➡ ③あなたとChatGPTの応答

問題1　How do you like your neighborhood?

①あなた＋質問：I love it. It has a wonderful park and lots of shops. How about yours?

問題2　What do you do to cerebrate the New Year?

①あなた＋質問：I enjoy traditional Japanese foods. I cook them myself. How about you?

問題3　Did you have a breakfast today?

①あなた＋質問：This morning, I had toast with jam and a cup of coffee. What did you have?

問題4　How was your weekend?

①あなた＋質問：Busy. I had to go on a business trip. How about you?

問題5　Why did you start to learning English?

①あなた＋質問：I started learning English to connect with people worldwide. What made you learn it?

＊問題1~5の英文例はp.87にあります。

　いかがでしょうか？　会話の中で、発話を考え、それをもとにインタラクションを実行する能力は、実際の双方的なコミュニケーションに直結するタスクですね。

Unit 4 慣用表現にもとづく英語ライティング

　与えられた慣用表現を使って英文を書いて、その後ChatGPTとインタラクションをするタスクです。ライティング・スピーキングなど英語で発信する際に慣用表現を使用することで、発話の流暢さがアップして、楽々と会話（インタラクション）ができるようになるという効果が確認されています。慣用表現に注目しましょう。

例題1 It looks like... （見たところ）〜のようだ

仕事は順調にいっているようですね。

◯ 間違いがない場合　（◀ 10）

① User It looks like your business is going well. Is that true?

② 🌀 Yes, things are going well. Thank you for asking!

⚠ 間違いがある場合

① User It looks like that your job goes good. Are you happy with your job now?

② 🌀 Thank you for asking! I'm content with my job. How about you?

　訂正：It looks like that your job goes good. は自然ではありません。It looks like your job is going well. というふうに言うのが自然です。

③ User I am also pleased with my present job. I want to continue it for a long time.

That's great to hear! Pursuing a fulfilling job is important. What do you do?

例題2 **I feel like doing...** ～したい感じがする

今日は熱があるので仕事を休みたい気分だ。

◎間違いがない場合 (🔊 11)

① User I feel like being absent from work, because I have a fever. How about you?

② I'm sorry to hear that. I'm feeling good today. Rest and take care!

❗間違いがある場合

① User I feel like absent work today because I have fever. What do you think of it?

② It sounds reasonable to stay home if you have a fever.

訂正：absentは不適切です。skipping workが正しい表現です。feverの前にはaをつける必要があります。I feel like skipping work today because I have a fever.というふうに言うのが自然です。

User I feel like skipping work today because I have a fever. What do you think of it?

Your health is important. It's best to rest and recover.

問題 **慣用表現を用いた英文ライティング**

①あなた＋質問 ➡ ②ChatGPT ➡ ③あなたとChatGPTの応答

問題1 I may be wrong, but...

(自分が) 間違っているかもしれませんが

間違っているかもしれませんが、そう言ったのはあなたですよね。

問題2 I'm ready to do

〜する用意ができている

ニューヨーク大学に留学する準備ができています。

問題3 Why don't we... ?

(いっしょに) 〜しませんか？

今晩いっしょに映画を見に行きませんか？

問題4 Can you... ? (Would you... ? , Could you... ?)

〜してくれない？ (〜していただけませんでしょうか？)

私のパソコンをちょっとみてもらえますか（ますでしょうか）？

問題5 May I... ? (Can I... ?)

(ちょっと〜) してもいいですか？

今日の午後、この部屋を使ってもいいですか？

＊問題1~5の英文例は*p.*88にあります。

ChatGPTとの会話でフォーミュラを利用することで、インタラクションが促進されることが実感できましたでしょうか？

Unit 5 英語3文日記 ライティング

　本章の最後の学習タスクは、英文日記です。ここでは、日記として最小限3文から成る日記を取り上げます。この英文日記をもとにして、ChatGPTにリテリングし、その後ChatGPTと音声インタラクションを進めていきます。

　なお、ChatGPTに次のようなプロンプトを出すと、代表的なトピックとともに、日記展開の作文パターンがよくわかります。

プロンプト：

私はCEFR A1レベルの英語学習者です。英語で3文の日記を毎日書きたいと思います。日記を書くのに適したトピックをこのレベルの学習者を想定して、10個ほど出してください。そして、その上で、それぞれのトピックについて、実際に英語で3文日記の例文を出してください。

　そうすると次のような反応が返ってきました。

 もちろん、お手伝いいたします！CEFR A1レベルを考慮して、以下に10のトピックとそれぞれのトピックに対する3文の日記の例を示します。

●日記のトピックとサンプル文 12

天気 (Weather)
Today, the sky is blue.

It is very sunny.

I like this weather.

食事 (Meals)
I had toast for breakfast.

For lunch, I ate a sandwich.

Dinner was spaghetti.

趣味 (Hobbies)
I read a book today.

It is about animals.

Reading is fun.

家族 (Family)
I played with my sister today.

We played a board game.

It was exciting.

旅行 (Travel)
I went to the park today.

The flowers were pretty.

I took many photos.

動物 (Animals)
I saw a cat today.

It was black and white.

The cat was very cute.

学び (Learning)
Today, I learned five new English words.

They are difficult.

But I will remember them.

日常の出来事 (Daily Activities)
I woke up at 7am today.

I went shopping in the afternoon.

At night, I watched TV.

友人との出来事 (Activities with Friends)
I met Tom today.

We drank coffee together.

It was a good time.

自分の気持ち (Feelings)
Today, I felt happy.

I laughed a lot.

I love happy days.

> これらのトピックとサンプル文を使って、毎日の日記を書くのに役立ててください。日記を書くことで、英語の表現力が向上しますので、頑張ってください！

例題1 「ふたりの友だちへ誕生日のプレゼントをあげた」という記述から、ChatGPTと会話をしてみてください。

◎ 間違いがない場合　（◀) 13

① User DATE：(Thu/10/5/2024)
Yesterday, I gave birthday presents to my two friends. I bought pretty accessories and perfumes last week. I was very glad to see their smiling faces.

② That's lovely. Celebrating with friends is always special. Did you have a party or just a small gathering?

③ User No, we didn't have a party, because we were scheduled to go home early.

Sounds like a busy day. It's nice you still found time to give presents.

❶ 間違いがある場合

① User DATE：(Thu/10/5/2024)
Yesterday, I presented to my two friends birthday presents. I and my other friends bought pretty accessories and perfumes last week for presents. I was very glad seeing their smiling faces.

② It's lovely to make friends happy with gifts!
訂正：
"I presented to my two friends birthday presents." ➡
　　"I gave birthday presents to my two friends."
"I and my other friends" ➡ "My friends and I"
"I was very glad seeing" ➡ "I was very glad to see"

83

◎ 間違いがない場合 🔊 14

① User DATE：(Fri/10/6/2024)

This afternoon, I went to my college. But before that, I had to buy textbooks at the store. So I was late for the class.

② 🤖 I see. Being late can be stressful. Did you manage to catch up with what was taught in class after you arrived?

③ User Yeah, my friend Debbie gave me a notebook with notes on what was taught.

🤖 It's good that Debbie helped you out.

! 間違いがある場合

① User DATE：(Thu/10/6/2024)

This afternoon I went to my college. But after reaching, I would have to buy textbooks at the store. So I was late for the class.

② 🤖 Ah, I see. So you bought the textbooks after arriving at college. Were you able to join the class after buying them?

訂正："But after reaching, I would have to buy textbooks at the store." ➡ "But after arriving, I had to buy textbooks at the store."

③ User Well, thank you so much for your correction.

🤖 You're welcome! If you have any more sentences or questions in the future, feel free to ask. I'm here to help!

　日記の展開パターンをもとにした英文日記のライティングはいかがでしたか？　次の問題では、いままでに練習した日記の展開パターンを参考に、問題1～5（5日分）の3文日記を、書いてみましょう。なおDATEには例題を参考に、英語での記述方法で入力します。

問題　3文日記 ライティング

①あなた（＋質問）➡ ②ChatGPT ➡ ③あなたとChatGPT応答

問題1 DATE：(　　　　　　　　)

問題2 DATE：(　　　　　　　　)

問題3 DATE：(　　　　　　　　)

問題4 DATE：(　　　　　　　　)

問題5 DATE：(　　　　　　　　)

＊ご自分の日記の記述なので回答例はありません。

*p.*62 Unit 1 「これからの予定」の問題の英文例 (◀ッ 15)

問題 1: I have a business trip to Osaka next week. Are you going somewhere on business, too?

問題 2: My evening meeting might take a while, and I **might** be late. Let's eat dinner outside together. Is that O.K.?

問題 3: I have a headache. Could you give me some painkillers if you have any?

問題 4: Can you record the TV drama I usually watch today? Please...

問題 5: I plan to travel around Europe during the summer vacation. Would you come with me?

*p.*66 Unit 1 「好きなもの」の問題の英文例 (◀ッ 16)

問題 1: I like ice cream. Do you like it too? What flavor do you like?

問題 2: I prefer trains to buses. How about you?

問題 3: I like the cold climate of Hokkaido. Do you like it too?

問題 4: I like cats more than dogs. Which do you like better?

問題 5: I usually read every night. What is your daily ritual?

*p.*67 Unit 1 「日常の出来事」の問題の英文例 (◀ッ 17)

問題 1: This morning, the train was a bit delayed and more crowded than usual during my commute. Was your train empty?

問題 2: I tried a new cafe during my lunch break and the coffee was very delicious. Would you like to go there together sometime?

問題 3: Last night, I went to see a movie with a friend. It was a very moving story. Are you interested in seeing it?

問題 4: I'm planning to go flower viewing at a nearby park this weekend. I hope the cherry blossoms are in full bloom. Do you like flower viewing?

問題 5: Lately, I've been trying to walk 10,000 steps a day for my health. Using a pedometer has been useful. Have you tried using one?

*p.*68 Unit 1「職場や学校」の問題の英文例 (◀ッ 18)

問題 1: My school has a big and quiet library. What facilities do you have at your school or workplace?

問題 2: My office is often too cold because of the air conditioning. Is your workplace comfortable?

問題 3: Having lunch with friends at the university is one of the joys of my day. Who do you usually have lunch with?

問題 4: After work, I go to the gym with my colleagues. What do you do to relax after work or school?

問題 5: I use the train to commute. What do you use to commute?

p.69 Unit 1 「自分の家族」の問題の英文例 　(◀ 19)

問題 1: My family is a family of four, and we often go to see movies together. What does your family enjoy doing together?

問題 2: My father likes to spend his weekends gardening. Does anyone in your family have a special hobby?

問題 3: My mother is very good at cooking. Who does the cooking in your family?

問題 4: My sister is studying medicine at university and wants to become a doctor in the future. Is there a doctor in your family?

問題 5: It's a tradition in my family to go on domestic trips every year. What kind of places does your family choose to visit when you go on trips?

p.73 Unit 2 「絵・写真を描写」問題の英文例 　(◀ 20)

問題 1: This is a picture of a woman pouring coffee into a cup, I guess. What do you think?

問題 2: In this picture, I think a man is running in a gym. Do you like running, too?

問題 3: This is a picture of a woman washing her hair. Doesn't it look relaxing?

問題 4: I think this picture shows a woman learning the character for peace in calligraphy class. What do you think?

問題 5: This painting shows a woman cleaning the stairs by hand.

問題 6: It looks like a plane ticket from New York JFK Airport to London Heathrow Airport, doean't it?

p.77 Unit 3 「対話英作文」の問題の英文例 　(◀ 21)

問題 1: How do you like your neighborhood?

① **User：**I love it. It has a wonderful park and lots of shops. How about yours?

② **ChatGPT：**That sounds nice. My neighborhood is quiet and has a big library. Do you often go to the park?

③ **User:** Yes I love to go, because I often go to the nerby library to read interesting books.

問題 2: What do you do to celebrate the New Year? 🔊 22

① **User** : I enjoy traditional Japanese foods. I cook them myself. How about you?

② **ChatGPT** : That sounds wonderful! I like watching fireworks and spending time with friends. What is your favorite Japanese food to cook for New Year's?

③ **User:** I like "osechi" very much. Its a special Japanese New Yearr's meal made up of various traditional dishes.

問題 3: Did you have breakfast today? 🔊 23

① **User** : This morning, I had toast with jam and a cup of coffee. What did you have?

② **ChatGPT** : I had oatmeal and a banana. Your breakfast sounds delicious! What kind of jam did you have on your toast?

③ **User:** I had strawberry Jam. It was pretty good.

問題 4: How was your weekend? 🔊 24

① **User** : Busy. I had to go on a business trip.

② **ChatGPT** : Sounds like a full weekend! Where did you go on your business trip?

③ **User:** I went up to Tokyo and had many meetings there.

問題 5: Why did you start learning English? 🔊 25

① **User** : I started learning English to connect with people worldwide. What made you learn it?

② **ChatGPT** : That's a great reason! I learned English to help people and share ideas. What do you enjoy most about learning English?

③ **User:** It helps me express my own ideas about Japanese traditions to people around the world.

p.80 Unit 4「慣用表現」問題の英文例

問題 1: I may be wrong, but it was you who said that, right?

問題 2: I'm ready to go study abroad at New York University.

問題 3: Why don't we go see a movie tonight together?

問題 4: Could you take a look at my computer for a moment?

問題 5: Can I use this room this afternoon?

100語以上の英語で
まとまったパラグラフを書いて
ChatGPTと会話してみる

第5章

学習ステップ：

中級編

レベル2：対象読者＜CEFR A2＞

第 **5** 章のねらい

　本章では、おもにレベル2（CEFR A2）の学習者を対象に、レベル1のときと同様に、下の①②の「ライティング＋スピーキング」の学習タスクを行います。しかし、1〜3文程度ではなく、ひとつのまとまった内容を持つパラグラフを100語以上で書くことを目標にします。

タスク①：ひとりで行うライティングを、特定の他者を念頭に置くことで、その人とのインタラクションを想定した社会脳ライティングを実践します。
タスク②：上記タスク①で書いた英文を、リテリングの形でChatGPTに発話し、AIとのバーチャル（擬似的）なインタラクションを実践します。

☑ 留意点

　DeepL翻訳を活用したバイリンガル・アプローチ[1]にもとづいて、ChatGPTに対するリテリングを通じ、身近な相手だけでなく、初対面の人も含めて、まとまった内容を伝えるインタラクティブ・スピーキング能力の習得をめざします。その際、第4章でも取り組んだ「社会脳インタラクション」を実践する、シミュレーション・トレーニングを行います。

　本章ではまず、英語によるパラグラフの作成（パラグラフ・ライティング）を目標にしています。作成の過程には、右上の図のようにDeepL翻訳による日本語訳・英語訳を活用したバイリンガル・アプローチの学習ステップが含まれています。その上で、第4章と同様にChatGPTとの音声対話（本章ではおもにリテリング）を通じて、インタラクティブ・コミュニケーションをシミュレーションします。

1　第1章 *p.*21以降を参照。

① 与えられたタスクで「英文＋質問」を作成（ワープロ入力）

②「英文＋質問」をDeepL翻訳で和訳

③ 和訳をチェックしてDeepL翻訳で英訳

④「英文＋質問」をChatGPTにリテリングして、その反応を聞く

⑤ 誤りが訂正されたら訂正された文を使い、もし誤りを訂正されなかったらそのままChatGPTと対話

⑥ ChatGPTと可能な限り対話を継続

メモ **CEFR-J A2(日本語版)：書くことのCan-Dos**

①日常的・個人的な内容であれば、招待状、私的な手紙、メモ、メッセージなどを簡単な英語で書くことができる。

②身の回りの出来事や趣味、場所、仕事などについて、個人的経験や自分に直接必要のある領域での事柄であれば、簡単な描写ができる。

③文と文を and、but、because などの簡単な接続詞でつなげるような書き方であれば、基礎的・具体的な語彙、簡単な句や文を使った簡単な英語で、日記や写真、事物の説明文などのまとまりのある文章を書くことができる。

④聞いたり読んだりした内容（生活や文化の紹介などの説明や物語）であれば、基礎的な日常生活語彙や表現を用いて、感想や意見などを短く書くことができる。

学習ステップ④におけるChatGPTへのプロンプト

ChatGPTへのプロンプトは、第3章（p.49）でも解説しましたが、本章のタスクの実施前には、次のように、語数（30語以内）や英語のレベル（CEFR A2）もあわせて指定しておきましょう。こうしないと、長々とした文章が難しい英語で返ってきますので、注意が必要です。

> You are an excellent English teacher who also speaks Japanese. Please pretend to be a human being and converse with me in CEFR A2 English. All conversations must be in English, and you must respond in concise English, 30 words or less. If I make a mistake, please correct me. Please explain this correction in Japanese. Please keep in mind your responses must be in CEFR A2 English.
>
> あなたは日本語も話せる優秀な英語の教師です。人間になったつもりで私とCEFR A2レベルの英語で会話をしてください。会話はすべて英語で行い、30語以内の簡潔な、CEFR A2レベルの英語で返答してください。もし私が間違ったときは訂正してください。この訂正は日本語で説明してください。くれぐれもCEFR A2レベルの英語で反応することを忘れないでください。

またすでに述べましたが、「人間になったつもりで〜（pretend to be a human human being）」のフレーズが必要だと思ったときには、いつでも繰り返しましょう。

本章では、

① 英語日記
② 英語で1分間自分のことを話してみる
③ 絵・写真を見て英語で状況を説明する
④ 4コマ・マンガを見て即興で内容を語る
⑤ 英語で短いプレゼンをする
⑥ テーマによるパラグラフ・ライティング

の6種類の「英文＋質問」のライティングおよびインタラクションに取り組む、DeepL翻訳とChatGPTを活用するトレーニングを紹介します。

第4章では、作成した英文に《間違いがない場合》と《間違いがある場合》に分けて、例題を提示しました。本章では、前段でDeepL翻訳を使って英文作成をしていますので、ChatGPTとの音声インタラクションの段階では、ほぼ誤りはないという前提で進めていきます。

Unit 1 英語日記

　すでに第4章で実践した3文日記ライティング（p.81）をさらに発展させて、50語以上の日記の作成にチャレンジします。

例題1 「友だちとバトミントンをした日」の日記

① 与えられたタスクで「英文＋質問」を作成してDeepL翻訳に入力

User　DATE：(Sun/11/12/2023)

　　I played badminton games with my friend who has known each other since when we were high school students. She plays badminton very well, so I asked her to play with me as a pair. Our opponents were all older than us. So, before games, we thought that we could win easily. However, we lost all games. Our opponents had not only skills but also energies. Therefore, we thought that we should do more hard practicing. Do you play badminton?（80 words）

② DeepL翻訳で和訳して意味内容のチェック

　高校時代からの友人とバドミントンの試合をした。彼女はバドミントンがとても上手なので、ペアで対戦してもらった。対戦相手はみんな年上だった。だから、試合前は楽勝だと思っていた。しかし、結果は全敗だった。相手は技術だけでなく、気力もある。だから、もっと厳しい練習をしなければいけないと思った（←思いました）。あなたはバドミントンをする？（←しますか）。[2]

2（←）の中の日本語はチェック前のDeepL翻訳による訳文。ここでは日本語の文体（ですます体・である体）の不一致を修正した。

③ チェックした和訳をDeepL翻訳で英訳

 　I played a game of badminton with a friend of mine who knew each other well from high school. She is a very good badminton player, so I had her play with me in pairs. The opponents I played against that day were all older than us. So before the match, I thought it would be an easy to win. However, the result was a total defeat. My opponent has not only technique but also energy. So I thought I should practice harder. Do you play badminton?

④ ChatGPTに英文をリテリングしてその反応を英語で聞く

【作成した英文をもとにリテリングした例】

User 　I played badminton with an old high school friend who knew each other well from high school. She was really good. We faced older players and I expected an easy win, but we lost totally. It shows that I need to practice more. Do you play badminton?

【訳】　高校時代の友人とバドミントンをした。その友人は非常に上手であった年上のプレイヤーと対戦したが、簡単に勝てると思っていた。しかし、大敗を喫した。もっと練習する必要があることがわかる。あなたもバドミントンする？

 　Your story is interesting! Just a small correction: "who knew each other well from high school" should be " I know well from high school."

訂正：日本語で「高校時代からよく知っている友だち」は英語で a friend of mine I know well from high school と言います。
I don't play badminton. It sounds like a challenging game. Do you enjoy it?

⑤ 英文を修正されたらその文を使い、もし誤りを訂正されなかったらそのままChatGPTと対話する

User As a matter of fact, I was thinking that I used to practice badminton hard in my high school club. So I was a little shocked today. Give me some comments if you have any.

⑥ そのままChatGPTと対話を継続する

It's normal to be surprised if you used to play well. Remember, skills can be regained with practice. Keep playing and enjoying the game! Do you plan to practice more?

User Oh, thank you so much for your advice. I'll try.

You're welcome! Trying is the first step to improvement. Good luck and have fun with badminton!

【訳】**ChatGPT**：以前上手だったのなら、驚くのは普通です。スキルは練習すれば取り戻せることを忘れないでほしいです。プレイを続けて、ゲームを楽しみましょう！ これからもっと練習する予定はありますか？
ユーザー：ああ、アドバイスをありがとう。やってみます。
ChatGPT：どういたしまして！　やってみることは改善への第一歩です。バドミントンを楽しんで、幸運を！

☝**コメント**：バドミントンの話題を通じて、ChatGPTとのインタラクションが深まっていきましたね。

例題2 「ニューヨークに着いた日」の日記

① 与えられたタスクで「英文＋質問」を作成してDeepL翻訳に入力

User DATE：(Fri/9/8/2023)

I came to New York today, planning to stay for a week during my summer vacation. The flight from Narita to JFK airport took about 13 hours. When I saw from the plane, Manhattan was a wonderful city with so many huge buildings. Upon arrival, I reached to my hotel without any big problems. In the afternoon, I visited the American Museum of Natural History. It was very interesting. In the evening, I enjoyed jazz at the Blue Note. Have you ever been to New York? Did you enjoy your stay there? (92 words)

② DeepL翻訳で和訳して意味内容のチェック

夏休みに1週間滞在する予定で、今日ニューヨークにやってきました。（←きた）成田からJFK空港まで約13時間のフライトでした。（←だった）飛行機から見たマンハッタンは、巨大なビルが立ち並ぶ素晴らしい街でした。（←だった）到着後、大きな問題もなくホテルに到着しました。午後はアメリカ自然史博物館を訪れました。（←た）とても興味深かったです。夜はブルーノートでジャズを楽しみました。あなたはニューヨークに行ったことはありますか？ 滞在は（←そのとき）楽しめましたか（←楽しかった）？[3]

③ チェックした和訳をDeepL翻訳で英訳

I came to New York today, planning to stay for a week during my summer vacation. It was a 13-hour flight from Narita to JFK airport. Manhattan, seen from the plane, was a wonderful city with huge buildings. Upon arrival, we arrived at our hotel without any major problems. In the afternoon, we visited the American Museum of Natural History. It was very interesting. In the evening, we enjoyed jazz at the Blue Note. Have you ever been to New York? Did you have fun then?

④ ChatGPT に英文をリテリングしてその反応を英語で聞く 【作成した英文をもとにリテリングした例】

User   I came to New York for a week's vacation after a 13-hour flight from Narita today, enjoying the sight of Manhattan. We visited the American Museum of Natural History and enjoyed jazz at the Blue Note. Have you been to New York? Did you have fun then?

🔵   That sounds like an exciting trip! Yes, I've been to New York. It's a vibrant city with lots to see and do.

訂正：Your sentence is good, but you might simplify it a bit by saying, "I came to New York for a week's vacation today after a 13-hour flight from Narita, enjoying the sight of Manhattan." This helps clarify that your flight and arrival were both today.

【訳】**ユーザー**：今日、成田から13時間のフライトの後、ニューヨークに1週間の休暇で来ました。マンハッタンの景色を楽しみながらのフライトです。私たちはアメリカ自然史博物館を訪れ、ブルーノートでジャズを楽しみました。あなたはニューヨークに行ったことがありますか？　そのとき楽しかったですか？

ChatGPT：楽しい旅のようですね。ニューヨークに行ったことがありますが、見たりすることが多くある活気のある街ですね。
訂正：あなたの文はよいですが、少し簡略化することができます。「今日、成田から13時間のフライトの後、ニューヨークに1週間の休暇で来ました。フライトではマンハッタンの景色を楽しみました」と言うと、フライトも到着もともに今日だったことがはっきりします。

⑤ 英文を修正されたらその文を使い、もし誤りを訂正されなかったらそのままChatGPTと対話する

User　Thank you for the correction. I came to New York for a week's vacation today after a 13-hour flight from Narita, enjoying the sight of Manhattan. Now I liked the jazz at the Blue Note, because the saxophone performance was very good and impressive to me.

【訳】　訂正ありがとうございます。今日、成田から13時間のフライトの後、ニューヨークに1週間の休暇で来ました。フライトではマンハッタンの景色を楽しみました。ブルーノートでのジャズが気に入りました。特にサックスの演奏がとてもよくて、印象的でした。

⑥ そのままChatGPTと対話を継続

That sounds wonderful! A great saxophone performance can really make a jazz night special. Are you planning to go to any other music events in New York?

【訳】　それはよかったですね！ 素晴らしいサックスの演奏は、ジャズを楽しむ夜を特別なものにしてくれます。ニューヨークで他の音楽イベントに行く予定はありますか？

問題 英語日記

①あなた➡②DeepL翻訳（和）➡③DeepL翻訳(英)➡
④ChatGPT/リテリング➡⑤ChatGPTと対話➡
⑥ChatGPTと対話を継続

　例題を参考に、問題1～5（5日分）の日記を書き、上記①から⑥の
手順で作業をしてみましょう。DeepL翻訳やChatGPTにコピーペー
ストするので、英文はワープロソフトで書き、下記のスペースはテー
マを考える際のメモなどに使ってください。みなさんご自身の日記が
テーマになるので、回答例はありません。

問題1　DATE：(　　　　　　　　)

問題2　DATE：(　　　　　　　　)

問題3　DATE：(　　　　　　　　)

問題4　DATE：(　　　　　　　　)

問題5　DATE：(　　　　　　　　)

英語で1分間、自分のことを話してみる

　次は、少し趣向を変えて、まず自分のことを1分間英語でスピーチし、そのスピーチの印象を尋ねる質問をします。その後その録音をワープロに文字入力し、DeepL翻訳を介して英語を作成します。その上で、ChatGPTにスピーキング（リテリング）して、ChatGPTとの疑似的インタラクションをするというタスクです。自分の代わりに外国からの観光客や留学生になりきって日本のことを話してみるのもよいでしょう。

> **例題1**　「自分の英語力」について、100語以上で話してみましょう。

①1分間英語で話した英文を文字化してDeepL翻訳に入力（100語以上）

User　I'll talk about my — I'll talk about English. I've been studying English for 8 years maybe, but I have no confidence in my English ability. Then in particular, it is difficult for me to pronunciation, and recently I enjoy watching Thai drama, Thai, Thailand drama with English subtitles. Then it is... it is so fast to change the words I was... I was struggling to understand the meaning, but it is... it is useful for me to study English, then I want to... I want to study abroad. So from now on I, I'd like to learn the casual English, and improve the... my pronunciation of English. What impression did you have about my talk?
　(115 words)

② DeepL翻訳で和訳して意味内容のチェック

英語について話します（←話そう）。英語は8年ぐらい勉強しているのですが、まったく自信がありません。特に発音が難しいです。また、最近はタイのドラマを英語字幕で見ています。それから...単語が次々と変わる（←単語を変える）のが速くて（←早くて）...意味を理解するのに苦労していたのですが、英語を勉強するのに役立ちます（←役立って、）。それから...留学したいです。だから、これからはカジュアルな英語を勉強して、英語の発音をよくしたいです。私の話についてどんな印象を持ちましたか？

③ チェックした和訳をDeepL翻訳で英訳

I will talk about English. I have been studying English for about 8 years, but I am not confident at all. Pronunciation is especially difficult for me. Recently, I've been watching Thai dramas with English subtitles. Then... The words change one after another so fast... I had a hard time understanding the meaning, but it helps me to study English. Then... I want to study abroad. So I want to study casual English and improve my English pronunciation from now on. What was your impression about my talk?

④ ChatGPTに英文をリテリングしてその反応を英語で聞く
【作成した英文をもとにリテリングした例】

User I've studied English for 8 years and struggled with pronunciation. I'm not confident at all. I watch Thai dramas with English subtitles to improve, but it's hard to keep up. The words change one after another so fast. I want to study casual English and improve my pronunciation for studying abroad. What did you think of my talk?

【訳】　私は8年間英語を勉強していますが、発音に苦労しています。まったく自信がありません。上達のために英語字幕付きのタイドラマを見ていますが、ついていくのが難しいです。単語が次々に非常に速く変わります。留学のために、もっとカジュアルな英語を学び、発音をよくしたいです。私の話はどう思いましたか？

Your English is clear and understandable! It's great that you're using different methods like watching dramas to improve. Keep practicing, and your confidence and skills will grow.
訂正：I am not confident at all は正しいですが、I have no confidence でもよいです。意味は同じです。
The words change one after another so fast は正しいですが、The subtitles change very quickly」のほうが自然かもしれません。
Your determination to study abroad and improve your English is admirable. Good luck with your English journey!

☞　ご参考までにDeepL翻訳をする前のp.101の英文を、ChatGPTに入力した場合の返答を次に掲載します。

Your English is good and clear. You're doing well, especially in expressing your experiences and goals. Keep practicing, and your confidence will grow.
訂正：it is difficult for me to pronunciation は it is difficult for me to pronounce にするべきです。これは動詞の形が必要だからです。
Thai drama, Thai, Thailand drama は、単にThai dramasと言えば十分です。余計な繰り返しは避けましょう。
Watching dramas is a fun way to learn casual English and improve pronunciation. Good luck with your studies!

⑤ 英文を修正されたらその文を使い、もし誤りを訂正されなかったらそのままChatGPTと対話する

User I will talk about English. I have been studying English for about 8 years, but I have no confidence. Pronunciation is especially difficult. For my English, recently I've been watching Thai dramas with English subtitles. Then... The subtitles change very quickly... I had a hard time understanding the meaning, but it helps me to study English. Then... I want to study abroad. So I want to study casual English and improve my English pronunciation from now on. What was your impression about my talk?

【訳】英語について話します。私は8年間英語を勉強していますが、まったく自信がありません。特に発音に苦労しています。英語力向上のために英語字幕付きのタイドラマを見ていますが、字幕は速く変わるので、意味を理解するのが難しいです。しかし英語の勉強に役立っています。私は留学したいと思っています。そのために、今からもっとカジュアルな英語を学び、発音をよくしたいです。私の話はどう思いましたか？

⑥ そのままChatGPTと対話を継続

 You are doing very well in English! Your sentence structure and vocabulary are good. Watching dramas with subtitles is a great way to improve. Keep practicing, and you will become more confident.

No corrections are needed in Japanese as your English is correct.

Your goal to study abroad and focus on casual English and pronunciation is a good approach. Good luck with your studies!

【訳】　英語はとても上手ですね！ 文の構造や語彙もよいです。字幕付きのドラマを見るのは、上達するための素晴らしい方法です。練習を続ければ、もっと自信がつくでしょう。

　日本語による訂正は必要ありません、あなたの英語は正しいです。
　留学を目指し、カジュアルな英語や発音に焦点を当てるのはよいアプローチです。勉強を頑張ってください！

例題2　「自分のペット」について、100語以上で話してみましょう。

① 1分間英語で話した英文を文字化してDeepL翻訳に入力（100語以上）

User　I will talk about my dog. He is Shiba dog and his name is Ten and he is now 5 years old. And when I was a junior high school student, I met him at pet shop and I started to have him. And when he was a young, his weight is very light. But now he is weighted very heavy, so he needs to walk, walk everyday. So when I go home from university, I always go walking with my dog, and he likes beef, so he always eat beef, er so because he is the reason why he is now heavy is everyday he eat beef. So sometime I... I walk this my dog to Alasiyama and but and he likes human so he go to... he go to near the tourist, and he makes me relucting. So I like him thank you. How do you feel about my talk?　（152 words）

② DeepL翻訳で和訳して意味内容のチェック

　私の愛犬の話をします（←よう）。柴犬で名前は「テン」、現在5

歳です。私が中学生のときにペットショップで出会い、飼い始めました。幼い頃は体重がとても軽かったんです（←軽かった）。しかし、現在は体重が重いです。だから毎日散歩が必要なんです。だから大学から帰ると、いつも犬と散歩に行くのですが（んだけど）、彼は牛肉が好きだから、いつも牛肉を食べるから重いんです（←だ）。だからときどき、私は（←僕は）……私は（←僕は）この愛犬を嵐山まで散歩させるんですが（←だけど）、でも彼は人間が好きだから、彼は……彼は観光客の近くまで行くんですが（←だけど）、彼は私を（←僕を）渋らせるんです（←だ）。だから私は（←僕は）彼が好きなんです（←だ）。私の（←僕の）話、どう思います？（←う？）[4]

③ チェックした和訳を DeepL 翻訳で英訳

Let me tell you about my dog. He is a Shiba Inu named "Ten" and is currently 5 years old. I met him at a pet store when I was in junior high school and started keeping him. He was very light in weight when he was young. But now he is very heavy. So I need to walk him every day. So when I come home from college, I always go for a walk with my dog, and he always eats beef because he likes beef. So sometimes I... I walk this dog to Arashiyama, but he likes humans, so he... He goes near the tourists, but he makes me balk. So I like him. What do you think of my story?

④ ChatGPT に英文をリテリングしてその反応を英語で聞く

【作成した英文をもとにリテリングした例】

User I have a 5-year-old Shiba Inu named Ten. I got him in junior high from a pet store. He was light. But now he is

4 日本語の文体の不一致や男性語を修正（僕→私）

very heavy. So I need to walk with him every day. after college He eats beef because he likes it. Sometimes, we go to Arashiyama. He approaches tourists, which is challenging to him, but I like him. What do you think of my story?

【訳】　私には「テン」という名前の5歳の柴犬がいます。中学生のときにペットショップで彼を手に入れました。彼が軽かったのですが、今は重く、だから毎日の散歩が必要です。今は大学の後に彼と散歩します。彼が好きなので牛肉も食べています。ときどき、私たちは嵐山に行きます。彼は観光客に近づくので、それは彼にとってはチャレンジなのです。でも、私は彼のことが好きです。私の話はどう思いますか？

 Your story is very nice! It's great that you care for Ten so much. Walking him and feeding him beef shows your love.
訂正：Correction in Japanese:

リテリングの前の but he makes me balk は不自然です。もしかしたら he sometimes pulls me towards the tourists（彼のほうに引っ張る）と言いたいのかもしれません。

Pets like Ten make life happy. Keep enjoying your time with him!

⑤ 英文を修正されたらその文を使い、もし誤りを訂正されなかったらそのままChatGPTと対話する

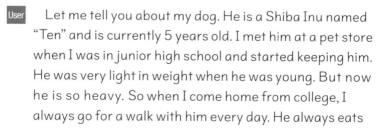

User　Let me tell you about my dog. He is a Shiba Inu named "Ten" and is currently 5 years old. I met him at a pet store when I was in junior high school and started keeping him. He was very light in weight when he was young. But now he is so heavy. So when I come home from college, I always go for a walk with him every day. He always eats beef, because he likes beef. So sometimes I... I walk to Arashiyama. He likes humans, so he... He goes near the tourists, and he sometimes pulls me towards the tourists. But I like him. What do you think of my story?

【訳】　私の犬について話しましょう。彼の名前は「テン」といい、現在5歳の柴犬です。私が中学生のときにペットショップで彼に出会い、飼い始めました。若い頃は体重が軽かったのですが、今は体重が重く、毎日散歩が必要です。大学から帰ると、いつも彼と散歩に行きます。彼は牛肉が好きなので、いつも牛肉を食べます。時々、嵐山まで彼と散歩に出て行きますが、彼は人間が好きなので、観光客の近くに行きます。そして、ときどき彼は私を観光客のほうへ引っ張って行きます。でも、私は彼のことが好きです。私の話をどう思いますか？

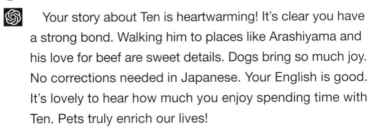

コメント：ChatGPTが、直前の内容からうまく推測していますね。

⑥ そのままChatGPTと対話を継続する

Your story about Ten is heartwarming! It's clear you have a strong bond. Walking him to places like Arashiyama and his love for beef are sweet details. Dogs bring so much joy. No corrections needed in Japanese. Your English is good. It's lovely to hear how much you enjoy spending time with Ten. Pets truly enrich our lives!

【訳】　「テン」についてのあなたの話は心温まるものです！　あなたと彼が強い絆で結ばれているのは明らかです。嵐山のような場所への散歩や、彼が牛肉が大好きだといったことの詳細をうまく書いています。犬は多くの喜びをもたらしてくれます。英語の訂正は必要ありません。あなたの英語は上手です。「テン」と過ごす時間を楽しんでいる様子が伝わってきて、とても素敵です。ペットは本当に私たちの生活を豊かにしてくれますね！

問題 英語で1分間、自分のことを話してみる

①あなた➡②DeepL翻訳（和）➡③DeepL翻訳(英)➡
④ChatGPT/リテリング➡⑤ChatGPTと対話➡
⑥ChatGPTと対話を継続

　では、次の課題1と2について、例題を参考にして、上記の①から⑥
の手順で書いてChatGPTと会話してみましょう。

　DeepL翻訳やChatGPTにコピーペーストするので、英文はワープ
ロソフトで書き、下記のスペースはテーマを考える際のメモなどに使っ
てください。

課題1 「週末の過ごし方」について

課題2 「好きな映画やテレビ番組」について

I have a nice weekend routine. In the mornings, I always go to the gym with my friends. We work out together and have a lot of fun. After the gym, I eat my favorite food for lunch. It's always something delicious.

In the afternoons, I go shopping at the department store. I look for new clothes and other things I need. Shopping makes me happy.

In the evenings, I eat different things for dinner, from Japanese to Italian food. Each dinner is a new adventure! Sometimes, after dinner, I go to karaoke with my friends. We sing our favorite songs and have a great time. It's a perfect way to finish the day.

What do you usually do on weekends?　（121 words）

【訳】　週末には私にとって素敵なルーティンがあります。朝はいつも友だちと一緒にジムに行きます。一緒に運動をして、とても楽しい時間を過ごします。ジムの後は、ランチでお気に入りのものを食べます。いつもおいしいです。

　　午後はデパートでショッピングをします。新しい服や必要なものを探します。ショッピングは私を幸せな気分にしてくれます。

　　夜は、日本食からイタリアンまで、ディナーではいろいろなものを食べます。ディナーは毎回新しい冒険です！　ときどき、ディナーの後には友だちとカラオケに行きます。お気に入りの曲を歌って、とても楽しい時間を過ごします。このようにして一日を完璧に締めくくります。

　　あなたは普段週末に何をしますか？

課題2（好きな映画やテレビ番組）の回答例　🔊 28

In the last five years, there have been some really good movies that many people have enjoyed. One popular movie is "Avengers: Endgame." It's a superhero movie with lots of action scenes and amazing characters. Everyone was excited to see how it ended.

Another great movie is "Frozen 2." This movie is about two sisters and their adventures. It has beautiful music and a fun story.

There is also "The Lion King," which is a remake. It looks very realistic and tells the story of Simba, a young lion. Many families loved watching it together.

I like these movies because they are fun and have good stories. Have you seen any of these movies? Which one did you like the best? （122 words）

【訳】　ここ5年間で、多くの人が楽しんだ素晴らしい映画がいくつかあります。ひとつの人気映画は『アベンジャーズ/エンドゲーム』です。これはアクションシーンが盛りだくさんで、魅力的なキャラクターが登場するスーパーヒーロー映画です。みんな、どのように終わるのかわくわくして見ました。

　もうひとつの素晴らしい映画は『アナと雪の女王2』です。この映画は、ふたりの姉妹とその冒険について描かれています。美しい音楽と楽しいストーリーが特徴です。

　また、『ライオン・キング』もリメイクされました。非常にリアルに見え、若いライオンのシンバの物語を描いています。多くの家族が一緒に見て楽しんでいます。

　私がこれらの映画が好きなのは、楽しくて、ストーリーがすぐれているからです。あなたはこれらの映画を見ましたか？　どれが一番好きでしたか？

Unit 3 絵・写真を見て 英語で状況を説明する

　ここでは、絵や写真を見て、その状況説明をするタスクをやってみましょう。100語以上で記述してみましょう。そして、その後ChatGPTと同じ絵や写真を共有（絵・写真のアップロードには現在はGPT-4の有料版が必要です）するか、特に共有しなくてもそのまま状況説明の英文をもとにして、ChatGPTと擬似的社会脳インタラクションを行いましょう。

> **例題** バリスタがラテアートを作っている写真を見て、100語以上の文章を書いてみましょう。

　ここではひとつの写真に対して、2種類の回答例を出してみます。

(photo: max-kegfire/iStock photo)

回答例 1 自分に引きつけて書いてみる

① 与えられたタスクで「英文＋質問」を作成してDeepL翻訳に入力（100語以上）

User　I like coffee very much. Recently, my hobby is going around cafes. I found my favorite café last week. The café is small and located in hidden alley in Osaka. It is café known only to those in the know. The atomosphere inside the store is calm and the beautiful of guitars are playing. The café had many kinds of drinks on the menu. I couldn't decide between cinnamon latte and café au lait. I asked the café clerk for a recommendation. Then he offered me a café au lait. I decided to order café au lait. As soon as I ordered café au lait, it was made right in front of me. He showed me café art. It was very cute and excited me.

　What do you think this description of the picture? （134 words）

② DeepLで和訳して意味内容のチェック

　私はコーヒーがとても好きだ。最近の趣味はカフェ巡り。先週、お気に入りのカフェを見つけた。大阪の路地裏にある小さなカフェだ。知る人ぞ知るカフェである。店内は落ち着いた雰囲気で、美しいギターが流れている。ドリンクメニューも豊富。シナモンラテかカフェオレか迷った。カフェの店員におすすめを尋ねた。すると、彼はカフェオレを勧めてくれた。私はカフェオレを注文することにした。カフェオレを注文するとすぐに目の前で作ってくれた。彼は私にカフェ・アートを見せてくれた。とてもかわいらしく、興奮した。

　この写真の説明、どう思う？

③ チェックした和訳をDeepL翻訳で英訳

> I like coffee very much. My latest hobby is visiting cafes. Last week, I found my favorite café. It is a small café in a back alley in Osaka. It is a café known only to those in the know. The interior has a relaxed atmosphere and beautiful guitars are playing. The drink menu is extensive. I was torn between a cinnamon latte and a café au lait. I asked the waiter what he recommended. He recommended the café au lait. I decided to order a café au lait. I ordered a café au lait, which he immediately made in front of me. He showed me his café art. It was very cute and exciting.
>
> What do you think of the description of this picture?

④ ChatGPTに英文をリテリングしてその反応を英語で聞く

【作成した英文をもとにリテリングした例】 🔊 29

User I love coffee and recently started visiting cafés. Last week, I discovered my favorite café in an Osaka alley. It's a hidden spot with a cozy interior and soft guitar music. The menu had many options; I chose a café au lait on the waiter's recommendation, made with cute café art right before me. What do you think of this description?

【訳】　私はコーヒーが大好きで、最近カフェに行くようになりました。先週、大阪の路地にあるお気に入りのカフェを見つけました。そのカフェは隠れ家のような場所で、居心地の良い内装とソフトなギター音楽が流れています。メニューはたくさんの選択肢がありました。ウェイターのおすすめでカフェオレを選び、目の前でかわいいカフェアートを作ってもらいました。この説明はどう思いますか？

Your description of the café in Osaka is lovely and detailed. It creates a vivid image of a cozy and unique place. The mention of guitar music and the extensive drink menu adds charm. The interaction with the waiter and the excitement over the latte art make it feel personal and engaging. It sounds like a wonderful café to visit!

⑤ 英文を修正されたらその文を使い、もし誤りを訂正されなかったらそのままChatGPTと対話する

 Thank you very much for your comments about my photo description. What other comments do you have?

【訳】　私の写真の説明についてのコメント、ありがとうございます。他にどんなコメントがありますか？

⑥ そのままChatGPTと対話を継続

 Your photo description effectively conveys the unique character of the café. Including details like the location in a back alley and the interior atmosphere with guitar music makes it intriguing. Mentioning your decision-making process for the drink adds a relatable human element. The latte art presentation by the waiter highlights the café's attention to detail and customer experience. Overall, your description paints a picture of a charming, inviting space, ideal for coffee enthusiasts. It's a well-crafted narrative that captures the essence of a memorable café visit.

【訳】　あなたの写真の説明は、カフェのユニークな特徴を効果的に伝えています。裏通りにある場所や、ギター音楽が流れる店内の雰囲気といった詳細な説明を含めることで、興味をそそられます。ドリンクを選んだ過程について触れることで、親しみやすい人間らしさが加わります。ウェイターが行ったラテアートの実演は、カフェの細部への注意と顧客の体験を目立たせます。全体的に、あなたの説明は魅力的で招かれるような空間を描いており、コーヒー愛好家にとって理想的です。思い出に残るカフェ訪問のポイントを捉えた、よく練られた物語です。

回答例2　思い切り想像力を働かせて書いてみる

① 与えられたタスクで「英文＋質問」を作成してDeepL翻訳に入力（100語以上）

 The barista started working at a café in New York city recently. She is practicing how to make the best cappuccino and latte art. She immigrated from Colombia to the U.S. two months ago and was looking for a job while missing the taste of Colombian coffee which is known as one of the best coffee in the world. One day, she became tired by walking around the town looking for a job, and passed by one coffee shop. She saw the job recruiting poster at the door, so she immediately entered and asked to talk to the manager. That's when she realized her passion for coffee and got the job there. Because of her passion and knowledge for coffee, not only her boss but also the customers liked the coffee she made, so her boss told her to participate in "Coffee Contest" where the knowledge, skills, and customer service is judged.

Therefore, she has been practicing the latte art so that she can win the competition and get the prize money for her family in Colombia. What do you think of the description of this picture? （187 words）

② DeepL翻訳で和訳して意味内容のチェック

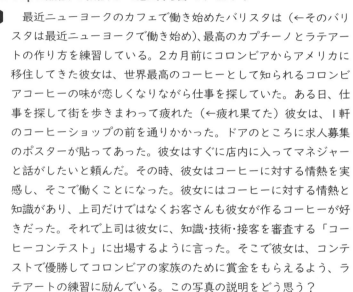

　　最近ニューヨークのカフェで働き始めたバリスタは（←そのバリスタは最近ニューヨークで働き始め）、最高のカプチーノとラテアートの作り方を練習している。2カ月前にコロンビアからアメリカに移住してきた彼女は、世界最高のコーヒーとして知られるコロンビアコーヒーの味が恋しくなりながら仕事を探していた。ある日、仕事を探して街を歩きまわって疲れた（←疲れ果てた）彼女は、1軒のコーヒーショップの前を通りかかった。ドアのところに求人募集のポスターが貼ってあった。彼女はすぐに店内に入ってマネジャーと話がしたいと頼んだ。その時、彼女はコーヒーに対する情熱を実感し、そこで働くことになった。彼女にはコーヒーに対する情熱と知識があり、上司だけではなくお客さんも彼女が作るコーヒーが好きだった。それで上司は彼女に、知識・技術・接客を審査する「コーヒーコンテスト」に出場するように言った。そこで彼女は、コンテストで優勝してコロンビアの家族のために賞金をもらえるよう、ラテアートの練習に励んでいる。この写真の説明をどう思う？

③ チェックした和訳をDeepL翻訳で英訳

　　The barista who started working at a café in New York city recently is practicing how to make the best cappuccino and latte art. She immigrated from Colombia to the U.S. two months ago and was looking for a job while missing the taste of Colombian coffee which is known as one of the best coffee in the world. One day, she was feeling tired walking around the town looking for a job, and passed by one coffee shop. She saw the job recruiting poster at the door, so she immediately entered and asked to talk to the manager. That's when she realized her passion for coffee and got the job there. Because of her passion and knowledge for coffee, not only her boss but also the customers liked the coffee she made, so her boss told her to participate in "Coffee Contest" where the knowledge, skills, and customer service is judged. Therefore, she has been practicing the latte art so that she can win the competition and get the prize money for her family in Colombia. What do you think of the description of this picture?

④ ChatGPTに英文をリテリングしてその反応を英語で聞く

【作成した英文をもとにリテリングした例】 🔊 30

User　A barista from Colombia, who moved to New York two months ago, started working at a café after seeing a job ad on the shop's door. She missed Colombian coffee, and quickly impressed her boss and customers with her passion and knowledge. Now, she's practicing latte art to win a coffee contest and help her family back home. What do you think about this story?

【訳】　コロンビアから移住して2カ月のバリスタは、コーヒーショップのドアに掲示された求人広告を見てカフェで働き始めました。コロンビアの

コーヒーが恋しくなりながらも、彼女はすぐに情熱と知識で店の上司や
お客さんに感銘を与えました。現在、彼女はラテアートを練習してコー
ヒー・コンテストに勝ち、故郷の家族を助けることを目指して頑張って
います。この話をどう思いますか？

 Your description of the Colombian barista in New York
City is rich and evocative. It beautifully captures her
journey and passion for coffee. The narrative of her
finding her calling in a coffee shop and preparing for a
competition to support her family adds depth and
emotion to the story. It's a wonderful blend of personal
aspiration and dedication.

【訳】　ニューヨーク市にいるコロンビア出身のバリスタについてのあなた
の説明は、豊かで感動的です。彼女の旅とコーヒーへの情熱を美しく
捉えています。コーヒーショップで彼女が自分の天職を見つけ、家族
を支援するためにコンテストの準備をするという物語は、話に深みと
感情を加えています。個人のあこがれとそのための努力をうまく融合
した内容になっています。

　両例とも、写真の説明だけにとどまらず、そこからイメージした内
容をうまく表現していますね。

問題 写真を見て状況を描写・説明する

① あなた ➡ ②DeepL翻訳（和）➡
③ DeepL翻訳(英) ➡ ④ChatGPT/リテリング ➡
⑤ChatGPTと対話 ➡ ⑥ChatGPTと対話を継続する

では、次の問題1と2について、写真の内容を、DeepL翻訳を活用して記述し、その後ChatGPTとの疑似的インタラクションを、例題を参考にしてやってみましょう。

上の①から⑥の手順で作業をしてください。DeepL翻訳やChatGPTにコピーペーストするので、ワープロソフトで書き、あいているスペースはテーマを考えるメモなどに使ってください。

問題1

下の2枚の写真がどのようなものか、その内容と登場人物の役割、場所などをふまえて、イメージした内容を100語以上の英語で「作文＋質問」を書いてみましょう。

問題2

下の写真はバスケットをしている男性の写真です。周囲の状況を描写
したり、イメージした内容を100語以上の英語で「作文＋質問」を
書いてみましょう。

In these photos, we see a computer classroom. Many people are sitting at desks with computers. They are students, I think. They are working while looking at the screens. The room has white walls and many posters.

In the right photo, a man is standing at the front of the room. He is probably the teacher. He is holding papers and a microphone. He is talking, and the students are listening. Some students are wearing headphones. Maybe they are having a language class.

This place is for learning with computers. It's a nice place for students.

Do you like to study in rooms like this? What do you think they are learning? (105 words)

【訳】　この写真に写っているのはコンピュータ教室です。多くの人がコンピュータのある机に座っています。学生たちでしょう。彼らは作業をしながら画面を見ています。部屋の壁は白く、たくさんのポスターが貼られています。

右の写真では、男性が部屋の前に立っています。おそらく先生でしょう。紙とマイクを持っています。先生が話し、学生が聞いています。ヘッドホンをしている学生もいます。たぶん、語学の授業を受けているのでしょう。

ここはコンピュータを使って学習する場所です。学生にはいい場所ですね。

こういう部屋で勉強するのは好きですか？　彼らは何の勉強をしていると思いますか？

問題2（バスケットボールの写真）の回答例 🔊 32

In this photo, a basketball player is outside on a court. The ground is grey and wet because it might have rained. He is wearing a shirt and shorts. He is jumping high with a ball in his hands, ready to shoot it into the hoop. The sky is cloudy so it may rain soon. There are tall fences and buildings around the court. He is playing basketball alone. It seems quiet. Playing alone can be nice. It is good to be active and play sports. It makes you feel happy.

Do you like to play sports alone or with friends? Why? (102 words)

【訳】　この写真では、バスケットボールの選手が外のコートにいます。地面は灰色で雨が降ったかもしれないので濡れています。彼はシャツとショートパンツを着ています。彼は高く跳びながら、ボールを手に持って、リングにシュートしようとしています。空は曇っていて、もうすぐ雨が降るのかもしれません。コートの周りには大きなフェンスがあり、建物が建っています。彼はひとりでバスケットボールをしています。静かです。ひとりでプレーするのもいいものです。活動的にスポーツをするのはよいことです。それは人を楽しくします。

　あなたはひとりでスポーツをするのと友だちとするのと、どちらが好きですか？　なぜですか？

4コマ・マンガを見て
即興で内容を語る

　ここでは、各種4コマ・マンガの内容を、15分程度で100words以上の「英作文＋質問」に辞書なしで仕上げる、即興のライティング・タスクを取り上げます。

例題1 わかば家の人々が日曜日にピクニックに出かけます。下の4コマ・マンガを見て、その内容を15分間で100words以上の英文でまとめてみましょう。

参考 海辺の町に住むわかば家の日常を描いた4コマ・マンガです。このマンガの登場人物は、活発で社交的な主婦のハナエ、のんびりとした夫のタイチ、やんちゃな息子のユウタ。そして、ハナエの弟であるナオキと妹のミオも登場し、家族の絆と日々のほのぼのとしたエピソードが描かれています。

① 与えられたタスクで「英文＋質問」を作成してDeepL翻訳に入力（100語以上）

User
In this four-panel comic, a family in a seaside town prepares for a delightful picnic. In the first panel, Hanae, the mother, is shown various things, putting them in her lunch box, happily humming!

In the second panel, Naoki and Mio are bringing things to put in the car with Hanae. Taichi brings a float.

In the third panel, the family has arrived at the beach and is greeting each other. They may be talking about where to put an umbrella or parasol.

In the fourth panel, everyone is happily sharing lunch prepared by Hanae. Mio is watching them. She may be still swimming somewhere.

What is your favorite picnic food and how do you enjoy? (115 words)

② DeepL翻訳で和訳して意味内容のチェック

この４コマ・マンガでは、海辺の家族が楽しいピクニックの準備をしています。最初のコマでは、母親のハナエは、つくったサンドウィッチやホットドックを（←弁当箱に入れる様々なものが示され）、楽しそうに鼻歌を歌いながらお弁当箱に入れています。

２コマ目では、ナオキとミオが、パラソルや遊び道具を（←持ち物を）持ってきて、ハナエと一緒に車に乗せようとしています。タイチは浮き輪を持ってきます。

３コマ目は、家族が海辺に着いて、楽しそうに話しています（←互いに挨拶を交わしています）。どこにすわろうか（←カサやパラソルを置こうか）と話しているのかもしれません。

４コマ目では、みんなはハナエが作ったお弁当を楽しそうに食べています（←シェアしています。）ミオはいません（←彼らをみつめています）。まだ海で泳いでいるのかもしれません。

あなたの好きなピクニック料理とその楽しみ方は？

③ チェックした和訳をDeepL翻訳で英訳

In this four-panel comic, a family in a seaside town prepares for a delightful picnic.

In the first panel, Hanae, the mother, is happily humming the sandwiches and hotdogs she made and putting them in her lunch box!

In the second panel, Naoki and Mio are bringing parasols and playthings to put in the car with Hanae. Taichi brings a float.

In the third panel, the family has arrived at the beach and is talking happily. They may be talking about where they are going to sit.

In the fourth panel, everyone is happily eating lunch prepared by Hanae. Mio is not there. She may be still swimming somewhere.

What is your favorite picnic food and how do you enjoy? (120 words)

④ ChatGPTに英文をリテリングしてその反応を英語で聞く

【作成した英文をもとにリテリングした例】 33

User
In a four-panel comic, a family in a seaside town is getting ready for a picnic. In the first panel, Hanae, the mom, packs lots of food. In the second panel, the family happily loads the car. In the third panel, they arrive at the beach and look forward to their day. In the last panel, they are enjoying their picnic under a big umbrella, laughing and playing. So what is your favorite picnic dish and how do you enjoy it?

【訳】 4コマ・マンガで、海辺の町に住む家族がピクニックの準備をしています。ひとコマ目では、母親のハナエがたくさんの食べ物を詰め込んでいます。ふたコマ目のパネルでは、家族が楽しそうに車に荷物を積んでいます。3コマ目では、彼らが浜辺に着いて、これからの一日を楽しみにしています。

最後のコマでは、大きな傘の下でピクニックを楽しんでおり、笑いながら遊んでいます。あなたの好きなピクニック料理は何ですか、そしてどのように楽しんでいますか？

 As for the picnic dish question, I don't eat or have personal experiences, but I can tell you about popular picnic dishes! Many people enjoy simple and portable foods like sandwiches, salads, or fruit. It's fun to imagine a sunny day at the seaside, enjoying these treats with family.

【訳】　ピクニックの料理についてですが、私は食べたり個人的に経験したことはありませんが、人気のあるピクニック料理についてお話しできます！多くの人がサンドイッチやサラダ、フルーツなどの簡単で持ち運びやすい食べ物を楽しみます。晴れた日に海辺で、家族と一緒にこれらの料理を楽しむのを想像するのは楽しいですね。

⑤ 英文を修正されたらその文を使って、誤りを訂正されなかったらそのままChatGPTと対話

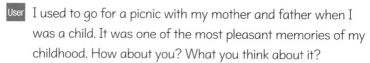 I used to go for a picnic with my mother and father when I was a child. It was one of the most pleasant memories of my childhood. How about you? What you think about it?

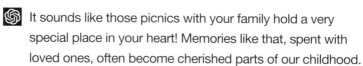 It sounds like those picnics with your family hold a very special place in your heart! Memories like that, spent with loved ones, often become cherished parts of our childhood.

【訳】 **ユーザー:** 子どもの頃、母と父と一緒にピクニックに行っていました。それは私の子どものころの最も楽しい思い出のひとつです。あなたはどうですか？　あなたはピクニックについてどう思いますか？
ChatGPT: 家族と一緒のピクニックがあなたの中でとても特別な場所を占めているようですね！　愛する人と過ごしたそのような思い出は、しばしば子どものころの大切な部分となります。

例題2 楽しいクリスマスに起きたショックな出来事とは？
マンガを見て、その内容を15分間で100words以上
の英文でまとめてみましょう。

① 与えられたタスクで「英文＋質問」を作成してDeepL翻訳に入力（100語～200語）

User

In this four-panel comic, a family is celebrating
Christmas together. In the first panel, the father and
child are decorating a Christmas tree, fully engaging in
the holiday spirit. In the second panel, the mother is
joyfully serving a cooked chicken to the table, adding to
the festive climate. In the third panel, the family is
playing trumps at the table, enjoying a lively and
engaging moment. In the final panel, there is a comical

turn as the family discovers that their dog has eaten all the dishes on the table, leaving them dismayed. How do you feel about the dog in the comic? Can you forgive what the dog did? (111 words)

② DeepL翻訳で和訳して意味内容のチェック

　この4コマ・マンガでは、ある家族が一緒にクリスマスを祝っている。最初のコマでは、父親と子どもがクリスマスツリーの飾り付けをしている。2コマ目では、母親が嬉しそうに調理したチキンを食卓に出し、クリスマスムードを盛り上げている。3コマ目では、家族がテーブルでカードゲーム（←トランプごっこ）をして、にぎやかで魅力的なひとときを楽しんでいる。最後のコマでは、飼い犬がテーブルの上の食べ物（←食器）をすべて食べてしまったことに気づき、家族が落胆するコミカルな展開になっている。あなたはこの漫画の犬についてどう思う？　犬がしたことを許せる？

③ チェックした和訳をDeepL翻訳で英訳

　In this four-panel cartoon, a family is celebrating Christmas together.

　In the first panel, the father and his child are decorating the Christmas tree; in the second panel, the mother is happily serving cooked chicken on the table, setting the mood for Christmas. In the third panel, the family is enjoying a lively and charming moment at the table playing cards. In the last panel, the family is disappointed to find that their dog has eaten all the food on the table.

　What do you think about the dog in this cartoon? Can you forgive the dog for what he did? (133 words)

④ ChatGPTに英文をリテリングしてその反応を英語で聞く

【作成した英文をもとにリテリングした例】

User　　In a four-panel cartoon, a family is celebrating Christmas. First, the father and his child decorate the Christmas tree. Next, the mother serves chicken, making it feels like Christmas. Then, the family plays cards at the table, having fun together. In the last panel, they find out their dog ate all the food. They are disappointed.

What do you think about the dog's actions? Would you forgive the dog?

【訳】　４コマ・マンガで、家族がクリスマスを祝っています。最初のコマでは、父親と子どもがクリスマスツリーを飾っています。次に、母親がチキンを出して、クリスマスの雰囲気を出します。その後、家族はテーブルでカードゲームを楽しみます。最後のコマでは、犬がすべての食べ物を全部食べたとわかります。家族はがっかりしています。

この犬の行動についてどう思いますか？　この犬を許せますか？

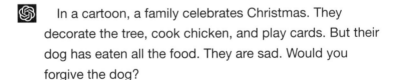　In a cartoon, a family celebrates Christmas. They decorate the tree, cook chicken, and play cards. But their dog has eaten all the food. They are sad. Would you forgive the dog?

訂正：小さな誤りがあります。Next, the mother serves chicken, making it feels like Christmas.の代わりに、Next, the mother serves chicken, making it feel like Christmas.と言うべきです。making it feelsではなく、making it feelと言います。itは三人称単数ですが、この場合はfeelと原形を使います。

【訳】 このマンガでは、家族がクリスマスを祝っています。ツリーを飾り、チキンを調理し、トランプをしています。でも、犬が全部の食べ物を食べてしまいました。家族は悲しんでいます。あなたなら犬を許しますか？

⑤ 英文を修正されたらその文を使って、誤りを訂正されなかったらそのままChatGPTと対話

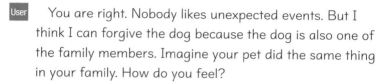

User　You are right. Nobody likes unexpected events. But I think I can forgive the dog because the dog is also one of the family members. Imagine your pet did the same thing in your family. How do you feel?

【訳】　あなたの言う通りです。誰も予期せぬ出来事は好きではありません。しかし、その犬も家族の一員だから、私は犬を許すことができると思います。あなたのペットが家族の中で同じことをしたと想像してみてください。どう感じますか？

⑥そのままChatGPTと対話を継続：

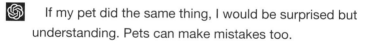

　If my pet did the same thing, I would be surprised but understanding. Pets can make mistakes too.

【訳】　もし私のペットが同じことをしたら、驚くけど理解もします。ペットも間違いを犯すことがあります。

4コマ・マンガを見て 即興で内容を語る

① あなた ➡ ②DeepL 翻訳（和）➡
③ DeepL 翻訳(英) ➡ ④ChatGPT/リテリング ➡
⑤ChatGPTと対話 ➡ ⑥ChatGPTと対話を継続する

　次の3つのセリフのない動作だけの4コマ・マンガのストーリーを見て、何が起きているのか想像しながら、人や風景、周りの状況などの描写も入れて、ストーリーとその感想を100語以上の英語で書いてみましょう。

問題1 「祭りでのハプニング」—警察官・佐藤と木下

問題2 「サニー・パーク」 —トミーと愛犬レオ

問題3 「新学期の出会い」 —マミとナナの危ない出会い

In this four-panel comic, two police officers are on patrol at a lively festival.

The first panel shows them observing the bustling crowd.

In the second panel, it seems Kinoshita is trying to buy takoyaki from a vendor.The other police officer, Sato, is trying to stop him from doing so.

The third panel shows a more serious situation. The officers are tense because they heard a loud noise, like a "bang."

In the final panel, they are relieved to find that the sound was a popped balloon. They are comforting a crying girl.

Have you ever spoken with police officers? What was the situation? (102 words)

【訳】　この４コマ・マンガでは、ふたりの警察官がにぎやかなお祭りをパトロールしています。

最初のコマは、ふたりがにぎやかな人々を観察しているところです。

ふたコマ目では、木下が屋台でたこ焼きを買おうとしています。もうひとりの警察官、佐藤がそれを止めようとしています。

３コマ目はより深刻な状況を示しています。警官たちは「バン」という大きな音を聞いて緊張しています。

最後のコマでは、その音が風船が割れた音であることに気づき、ほっとしています。彼らは泣いている女の子を慰めています。

あなたは今までに警察官と話したことがありますか？　それはどんな状況でしたか？

問題2（サニー・パーク）の回答例　🔊 35

In this four-panel cartoon, a boy named Tommy is trying to get his dog, Leo, to deliver a letter.

In the first panel, Tommy tells Leo, "Deliver this letter," but I don't think he clearly explains where to take it. Leo seems excited to help.

In the second panel, Leo is running quickly with the letter in his mouth.

In the third panel, Leo stops at a mailbox and drops the letter to the ground.

In the fourth panel, Tommy is running toward Leo yelling, "That's the wrong house!" Leo tried to take the letter to the wrong mailbox!

Have you ever owned a dog? Do you think dogs understand what we say? (114 words)

【訳】　この4コマ・マンガでは、トミーという少年が飼い犬のレオに手紙を届けさせようとしています。

　最初のコマで、トミーはレオに「この手紙を届けて」と言っていますが、どこに持っていけばいいのかはっきりとは説明していないように思います。レオは喜んで手伝おうとしています。

　2コマ目では、レオが手紙をくわえて急いで走っています。

　3コマ目では、レオが郵便受けで立ち止まり、手紙を地面に落としています。

　4コマ目では、トミーがレオに向かって走っていき、「その家じゃないよ」と叫んでいます。レオは手紙を間違った郵便受けに持って行こうとしたのです！

　あなたは犬を飼ったことがありますか？　犬は私たちの言うことを理解すると思いますか？

In this four-panel comic, Mami and Nana meet for the first time in a humorous way at the beginning of the school year.

In the first panel, Mami is walking by herself to the university. There are other students walking on the road, and cherry blossoms are blooming on the right side.

In the second panel, Nana almost hits Mami with her bicycle. They both scream in surprise. It seems that they avoided a serious accident!

In the third panel, the girls are laughing and introducing themselves. Maybe they chatted for a while.

The final panel shows them parting ways. They are probably going to different classes, but hopefully they will meet again soon.

How did you meet your good friend? Was it a memorable situation?　（126 words）

【訳】　この4コマ・マンガでは、マミとナナが新学期を迎えてユーモラスな初対面をしています。

　1コマ目、マミは大学までひとりで歩いています。道には他の学生も歩いていて、右手には桜が咲いています。

　2コマ目では、ナナが自転車でマミにぶつかりそうになります。ふたりは驚いて叫び声をあげます。どうやら大事故は免れたようです！

　3コマ目、彼女たちは笑いながら自己紹介しています。しばらくおしゃべりしていたのかもしれません。

　最後のコマは別れ際を表しています。おそらく別々のクラスに行くのでしょうが、近いうちに再会できることを願っています。

　あなたはどのようにして親友と出会いましたか？　思い出に残る状況でしたか？

英語で短いプレゼンをする

　英語によるプレゼンとして、筆者がこれまで実践してきたタスクを取り上げます。

　大学生（非英語専攻）に対して、現在の関心事（音楽、スポーツ、各国文化、政治・経済、出来事、など）を、DeepL翻訳を活用して、なぜそれに関心を持ったかという理由とともに200語くらいで説明する英文を作成してもらっています。

　その後、その印象をChatGPTに尋ねて、擬似的社会脳インタラクションを行うタスクです。

> **例題1**　現在、関心のあること<血液型>について、200語くらいの英文でまとめてみましょう。

① 現在の関心事についての「英文＋質問」を作成してDeepL翻訳に入力

User　Most people say that their personality is different depending on their blood type. It means that each of the four patterns of A type, B type, AB type, O type has its own personality traits.

　First A type people have a strict and careful personality. However, it is said that there are many kind people. My A type friend is also very strict.

　Second B type people have curious and unique. They are very free people. B type is often referred to as a weirdo and at their own pace. I also have the image of weirdo for B type.

　Third AB type people have a strong commitment and

hidden inside.

Also, AB type have the characteristics of both A type and B type, and they have two sides. AB type is the least populated blood type all over the world.

The final O type have laid back and rough personality. However, O type is the most populated blood type all over the world. In my case, the desk is always dirty, probably because I'm O type.

In this way, it is said that the personality differs depending on blood type. Most of my acquaintances apply to this blood type traits.

What do you think about the idea described above?
(210 words)

② DeepL翻訳で和訳して意味内容のチェック（文尾を統一する）

 血液型によって性格が違うという人が多いです。A型、B型、AB型、O型の4つのパターンそれぞれに性格の特徴があるということです。

まずA型の人は厳格で慎重な性格をしています。しかし、優しい人も多いと言われています。私のA型の友人もとても厳格だです。

次にB型は好奇心旺盛で個性的。とても自由な人たちです。B型はよく変人とかスローペースとか言われます。私もB型には変人のイメージがあります。

3つ目のAB型は、責任感が強く内に秘めたものを持っています。また、AB型はA型とB型の両方の特徴を持ち、二面性を持っています。AB型は世界中で最も人口の少ない血液型です。

最後のO型は、のんびり屋で大雑把な性格をしています。しかし、O型は世界中で最も人口の多い血液型です。私の場合、O型だから

か、机の上がいつも汚いです。

　このように、血液型によって性格が異なると言われています。私の知人のほとんどはこの血液型の特徴に当てはまります。

　以上の考えについて、あなたはどう思いますか？

③ チェックした和訳を DeepL 翻訳で英訳

　Many people say that different blood types have different personalities, meaning that each of the four patterns - A, B, AB, and O - has its own personality traits.

　First of all, people of type A are strict and cautious. However, they are also said to be gentle people. My type-A friend is also very strict.

　Secondly, Type B people are curious and individualistic. They are very free people. Type B is often said to be eccentric or slow-paced. I also have an image of type B as a weirdo.

　The third type, AB, has a strong sense of commitment and inner strength. Type AB also has characteristics of both Type A and Type B, giving it a dual nature; Type AB is the least populous blood type in the world.

　Finally, Type O has a laid-back and rough personality. However, Type O is the most populous blood type in the world. In my case, perhaps because I am type O, my desk is always dirty.

　Thus, it is said that different blood types have different personalities. Most of my acquaintances fit this blood type trait.

　What do you think about the above idea? （194 words）

④ ChatGPTにリテリングしてその反応を聞く

【作成した英文をもとにリテリングした例】

User　People often say that blood types predict personality traits. Type A individuals are seen as strict yet gentle. Type B is often said to be eccentric or slow-paced. Type AB combines traits of A and B, and is the rarest blood type. Type O individuals are relaxed but disorganized, and it's the most common blood type. Many people I know match these descriptions. What do you think about this idea?

【訳】よく、血液型が性格を予測すると言われています。A型の人は厳しくもやさしいと見られがちです。B型の人はしばしば変わり者でスローペースだと言われます。AB型はA型とB型の特徴を合わせ持ち、最も珍しい血液型です。O型の人はリラックスしていますが、だらしないこともあり、これが最も一般的な血液型です。私が知っている多くの人々が、これらの説明に当てはまります。あなたはどう思いますか？

　It's a popular idea in some cultures, but science doesn't support it. People are unique, and many factors shape personality.

訂正：In your text, "Type B is often said to be eccentric or slow-paced" slow-pacedという表現は、通常活動の速度やテンポを指すので、性格的な特性と直接関連付けるのは少し難しいです。unpredictable（予測不可能）という言葉を使うと、行動が変わりやすいことをより明確に伝えることができます。

⑤ 英文を修正されたらその文を使って、誤りを訂正されなかっ たらそのままChatGPTと対話

 User　Tell me how to say in English instead of 'eccentric' and 'slow-paced' in the above passage.

　Instead of *eccentric* you could use *unique* or *individualistic*. Instead of *slow-paced*, you can try *relaxed* or *easy-going*. These words might better describe Type B personalities.

uniqueやindividualisticは「個性的」という意味で、eccentric の代わりに使えます。そして、relaxedやeasy-goingは「リラッ クスしている」や「のんびりしている」という意味で、slow- pacedのかわりに使うとよいでしょう。

【訳】「変わり者」の代わりに「ユニーク」や「個性的」と言うことができます。 また、「のんびりした」の代わりに「リラックスした」や「気楽な」とい う言葉も使えます。これらの言葉の方がB型の性格をよりよく表現する かもしれません。

⑥ そのままChatGPTと対話を継続

User　Many people say that different blood types have different personalities, meaning that each of the four patterns - A, B, AB, and O - has its own personality traits.

First of all, people of type A are strict and cautious. However, they are also said to be gentle people. My type-A friend is also very strict.

Secondly, type B is often said to be unique or individualistic. I also have an image of type B as a weirdo.

The third type, AB, has a strong sense of commitment and inner strength. Type AB also has characteristics of both Type A and Type B, giving it a dual nature; Type AB is the least populous blood type in the world.

Finally, Type O has a laid-back and rough personality. However, Type O is the most populous blood type in the world. In my case, perhaps because I am type O, my desk is always dirty.

Thus, it is said that different blood types have different personalities. Most of my acquaintances fit this blood type trait.

Again, what do you think about the above idea?

 Your revised description is clearer. The concept linking blood types to personality traits is culturally interesting but lacks scientific backing. It's more a fun way to talk about personality than a factual one.

【訳】**ユーザー：**多くの人が、異なる血液型には異なる性格があると言います。つまり、A型、B型、AB型、O型の4つのパターンがそれぞれ独自の性格特性を持っているというのです。

　まず、A型の人々は厳格で慎重です。しかし、彼らはまた、優しい人々だとも言われています。私のA型の友人も非常に厳格です。

　2番目に、B型はよくユニークだったり個性的であると言われます。私もB型は変わり者というイメージを持っています。

　3番目のAB型は、責任感の強さと内面の強さを持っています。AB型はA型とB型の両方の特性を持ち、二重の性質を持っています。AB型は世界で最も少ない血液型です。

　最後に、O型はくつろいでいたり雑な性格を持っています。しかし、O型は世界で最も多い血液型です。私の場合、おそらくO型だからか、私の机はいつも散らかっています。

　このように、異なる血液型には異なる人間性があると言われています。私の知人のほとんどがこの血液型の特徴に合っています。

　再び、上記の考えについてどう思いますか？

ChatGPT：あなたの修正版の説明はより明確です。血液型と性格特性を結びつける考えは文化的に興味深いものですが、科学的な根拠はありません。これは性格についての楽しい話でありますが、事実にもとづくものではありません。

現在、関心のあること<理想的な仕事>について、200語くらいの英文でまとめてみましょう。

① 現在の関心事についての「英文＋質問」を作成してDeepL翻訳に入力

 My ideal job are air related work and travel agency clerk.

First, I like airplane very much. When I was a little, I went to the airport once in a month. Since then I have been thought to work as air related worker. Main work contents of the airline are operating management, providing good airplane services, working with airport and airplane company. The most important skill is language skill. It needs to connect with foreign countries. So I'm studying a foreign language especially English.

Second, I also like traveling. I have been to China, Taiwan, America Singapore, Guam. The job of the travel agency can divided into two category. One is office work and the other is tour conductor. Job contents of office work is making a travel plan or reseve the hotel. That of tour conductor is guiding tourists to anywhere.

Recent year tourists to Japan has been increasing, so I think this job is much more important. To guide them I have to understand Japanese world heritage site and famous spot, so I also studying about world heritage site. Now anywhere in Japan, there are many Chinese people. If I can do, I'd like to speak Chinese a little.

What do you think about my ideal job? （209 words）

② DeepL翻訳で和訳して意味内容のチェック

　　私の理想とする仕事は、航空関係の仕事と旅行代理店の店員です。

　　まず（←まず、その理由は）、私は飛行機が大好きです。小さい頃、月に一度は空港に行っていました。それ以来、航空関係の仕事に就きたいと思うようになりました。航空会社のおもな仕事内容は、運行管理、よい機内サービスの提供、空港や飛行機会社の両方の業務です。最も重要なスキルは語学力です。海外とつながるためには語学力が必要です。そのため、外国語、特に英語を勉強しています。

　　次に、旅行も大好きです。中国、台湾、アメリカ、シンガポール、グアムに行ったことがあります。旅行代理店の仕事はふたつのカテゴリーに分けられます。ひとつはオフィスワークで、もうひとつはツアーコンダクターです。オフィスワークの仕事内容は、旅行プランの作成やホテルの予約などです。ツアーコンダクターは、観光客をどこへでも案内する仕事です（←ある）。

　　近年、日本への観光客は増加の一途をたどっています。それでこの仕事はますます重要になっています。旅行者を案内するためには、日本の世界遺産や名所を理解する必要があるので、世界遺産の勉強もしています。今は日本のどこに行っても中国人が多いので、できることなら中国語を少し話せるようになりたいです。

　　私の理想の仕事についてどう思いますか？

③ チェックした和訳をDeepL翻訳で英訳

　　My ideal job would be working in aviation and as a travel agent. The reasons for this are, first, I love airplanes. When I was little, I used to go to the airport at least once a month. Since then, I have wanted to work in the aviation field. The main job of the airline is to manage operations, provide good airplane service, and work with airports and airplane companies. The most important skill is language ability. Language skills are necessary to connect with foreign countries. Therefore, I study foreign languages, especially English.

Secondly, I like to travel. I have been to China, Taiwan, the United States, Singapore, and Guam. The job of the travel agency can be divided into two categories. I can do both office work and tour conductor. Office work includes making travel plans and hotel reservations. Tour conductors are responsible for guiding tourists wherever they go.

In recent years, the number of tourists to Japan has continued to increase. For this reason, it is necessary to understand Japan's world heritage sites and places of interest, so I also study world heritage sites. Nowadays, wherever I go in Japan, there are many Chinese people, so I would like to be able to speak a little Chinese if I can.

What do you think about my ideal job?

④ ChatGPTにリテリングしてその反応を聞く

【作成した英文をもとにリテリングした例】 (🔊 37)

 My ideal job would be in aviation and as a travel agent because I love airplanes and travel. Since childhood, I've been fascinated by airplanes and have wanted to work in aviation, managing operations and collaborating with airports and airlines. Language skills, especially in English, are crucial for this role. Additionally, I enjoy traveling and have visited many countries. Being a travel agent would allow me to plan trips and guide tourists, which would require knowledge of Japan's heritage sites. I'm also interested in learning some Chinese so that I can communicate with the many Chinese tourists in Japan.

What do you think about my ideal job?（107 words）

【訳】　私の理想の仕事は、航空業界で旅行代理店で働くことです。なぜなら、私は飛行機と旅行が大好きだからです。子どもの頃から飛行機に魅了されており、航空業界で働きたいと思ってきました。運行管理を行い、空港や航空会社と協力していく仕事です。言語能力、特に英語はこの役割には不可欠です。さらに、旅行が好きで多くの国を訪れてきました。この仕事では旅行の計画を立て、観光客のガイドも行うため、日本の遺産の場所についての知識も必要です。また、日本には多くの中国人観光客がいるため、中国語を学ぶことにも興味があります。

私の理想の仕事についてどう思いますか？

Your ideal job combining aviation and travel agency is very interesting! Your passion for airplanes and travel is clear. Learning languages, like English and Chinese, will be very helpful in this field. Studying world heritage sites is also a smart idea for attracting tourists. It sounds like you have a good plan for your dream job!

【訳】　あなたの理想の航空産業と旅行代理店の両方に関わる仕事というのは、とても興味深いですね！ 飛行機と旅行への情熱が明らかです。この分野では、英語や中国語などの言語を学ぶことがとても役に立ちます。世界遺産の勉強も、観光客を引きつけるために賢明な考えです。夢の仕事へのすぐれた計画を持っているように聞こえます！

⑤ 英文を修正されたらその文を使って、誤りを訂正されなかったらそのままChatGPTと対話

User　Thank you very much for your reply. What country do

you want to go if you can? And will you also tell me the reasons for that?

If I could choose, I'd like to visit Japan. The reasons are its rich culture, beautiful nature, and delicious food. Japanese traditions, like tea ceremonies and festivals, are fascinating. Also, seeing cherry blossoms and visiting historic sites would be wonderful experiences.

【訳】**ユーザー：**お返事をいただき、ありがとうございます。もし行けるなら、どの国に行きたいですか？　また、その理由も教えてください。
ChatGTP：もし選べるなら、日本に行きたいです。その理由は豊かな文化、美しい自然、おいしい食べ物があるからです。茶道や祭りのような日本の伝統は魅力的です。また、桜を見たり歴史的な場所を訪れたりするのは素晴らしい経験になるでしょう。

⑥ 以降：そのままChatGPTと対話を継続

What other countries do you want to go other than Japan?

Besides Japan, I would like to visit France. France is known for its art, history, and food. Paris, with the Eiffel Tower and museums, is a dream destination. The French countryside is also beautiful. I'm interested in French culture and cuisine.

【訳】**ユーザー：**日本以外で行ってみたい国は？
ChatGTP：日本以外ではフランスに行ってみたいです。フランスは芸術、歴史、食べ物で有名です。エッフェル塔や美術館があるパリは憧れの地です。フランスの田舎も美しい。フランスの文化や料理にも興味があります。

問題 ふたつのテーマを
英語でプレゼンしてみよう

① 現在の関心事についての「英文＋質問」を作成して
DeepL翻訳に入力

② DeepL翻訳で和訳して意味内容のチェック

③ チェックした和訳をDeepLで英訳

④ ChatGPTにリテリングしてその反応を聞く

⑤ 英文を修正されたらその文を使って、誤りを訂正されな
かったらそのままChatGPTと対話

⑥ そのままChatGPTと対話を継続

　では、「自分自身の健康」と「現在面白いと思うスポーツ」について、
上記の①〜⑥の手順にもとづいて200 wordsくらいでプレゼンの原稿
を書いてみましょう。

問題1 自分自身の健康 について

問題2 現在面白いと思うスポーツ について

Taking care of our health is very important. It helps us feel good and do our daily activities better. I try to keep my body and mind healthy by doing several things.

First, I eat healthy foods. I eat lots of fruits and vegetables because they have vitamins that are good for our health. I also drink a lot of water every day. Water is very important for our body to work well.

Second, I exercise regularly. I like walking and sometimes I ride my bicycle. Exercise makes our body strong and keeps our heart healthy. It also makes us feel happy because it helps to reduce stress.

Sleep is another important part of being healthy. I try to sleep for about eight hours every night. When we sleep well, our bodies can rest and repair themselves. This makes us ready for a new day.

Finally, I try to reduce stress in my daily life. I talk with my friends and family when I feel worried or sad. This helps me feel better.

Taking care of my health is not always easy, but I know it is important. By eating right, exercising, sleeping well, and managing stress, I can keep myself healthy. This helps me enjoy life more and do my best every day.

What do you think about this? (220 words)

【訳】　私たちの健康に気を配ることはとても重要です。健康であることで、気分がよくなり、日常の活動をうまくこなすことができます。いくつかのことを実行して体と心の健康を保っています。
　　まず、健康的な食事を心がけています。ビタミンが豊富で健康によい

ため、たくさんの果物と野菜を食べます。また、毎日たくさんの水を飲むようにしています。水は体がうまく機能するためにとても重要です。

　第2に、定期的に運動をしています。散歩が好きで、ときどき自転車に乗ることもあります。運動は体を強くし、心臓を健康に保つ効果があります。また、ストレスを減らすのに役立つので、幸せを感じることができます。

　睡眠も健康であるための重要な部分です。私は毎晩約8時間の睡眠をとるようにしています。よく眠ることで、体は休息し疲れをとることができます。これにより、新しい日に備えることができます。

　最後に、毎日の生活で過度なストレスは減らすようにしています。心配事や悲しいときは、友人や家族と話をすると、気持ちが楽になります。

　健康を保つことは必ずしも簡単ではありませんが、重要であると了解しています。適切な食事、運動、しっかりした睡眠、ストレス管理を通じて、自分の健康を保ちます。これにより、毎日をより楽しむことができ、最善を尽くすことができます。

　以上の考えについてどう思いますか？

問題2（現在面白いと思うスポーツについて）の回答例 🔊 39

Baseball is a sport that I find very interesting. It is a popular sport played by two teams that take turns batting and fielding. I like baseball because it is exciting.

One reason I think baseball is interesting is because of the strategy involved. Each team must think carefully about how to play. The pitcher tries to throw the ball so that the batter cannot hit it. The batter tries to hit the ball as hard as he can. This battle between the pitcher and the batter is very exciting to watch.

Another reason I like baseball is because of the teamwork. Each player on the field has a special job to do. They must work together to win the game. Team members working well together is a very fun thing to see.

Baseball games can also be very dramatic. Sometimes the game is won with a home run in the last inning. This makes everyone very excited.

Finally, I enjoy the atmosphere at baseball games. The fans are very enthusiastic. They cheer, eat snacks, and enjoy the game together. It feels like a big celebration.

In conclusion, baseball is interesting because of the strategy, teamwork, drama, and the fun atmosphere.

Do you also think it is a sport that brings people together and provides a lot of excitement? (219 words)

【訳】　野球は私にとって非常に面白いスポーツです。野球は人気のあるゲームで、ふたつのチームが交互に攻撃と守備を行います。野球が好きな理由は、ワクワクさせてくれるからです。

野球が面白いと思う理由のひとつは、戦略が関わってくることです。各チームはどのようにプレイするかを慎重に考えなければなりません。ピッチャーはバッターが打てないように球を投げようとします。バッターはできるだけ強くボールを打とうとします。ピッチャーとバッターのこの戦いは見ていてとてもワクワクします。

もうひとつ野球が好きな理由は、チームワークのためです。フィールド上の各プレイヤーには特別な役割があります。彼らは試合に勝つために協力しなければなりません。チームのメンバーが協力し合っているのは見ていてとても楽しいです。

野球の試合はまた、非常にドラマチックになることもあります。時には最後のイニングのホームランで試合が決まることもあります。これには誰しもとても興奮し、幸せな気分になります。

最後に、野球の試合の雰囲気を楽しむことです。ファンは非常に熱狂的です。応援したり、スナックを食べたりして、一緒にゲームを楽しみます。それは大きなお祭りのような感じもします。

結論として、野球は戦略、チームワーク、ドラマ、そして楽しい雰囲気があるので面白いのです。

野球は人々を結束させ、多くの興奮を与えるスポーツだと思いますか？

Unit 6 テーマによる パラグラフ・ライティング

　次は、与えられたテーマに従って、ご自分の意見を100語以上で、ワープロソフトなどに英語で文字入力し、DeepL翻訳の和訳・英訳を介して英文を作成し、さらに、ChatGPTにリテリングして、ChatGPTとの疑似的インタラクションをするというタスクです。さまざまな人にみなさんご自身の意見をもとにディスカッションする模擬トレーニングです。

> **例題1** あなたは英語以外の外国語として現在どのような言語を学習していますか。その外国語を学ぶことに決めた理由を複数挙げながら100語以上の英語にまとめましょう。

① テーマについての「英文＋質問」を作成してDeepL翻訳に入力

User I am studying French. I have several reasons. First, I want to go to France and enjoy my life there. I want to eat foods of France. They include, bread, a lot of sweets, etc. I have heard "French food is very delicious for many of us", so I want to eat it!! Second, France has a lot of famous sightseeing spots. For examples, Paris and so on. Third, if I can speak French, I can communicate with a lot of people in the world who speak French. Thus, I'm studying French now! What do you think about my explanation about studying Frence as a second foreign language? （108 words）

② DeepL翻訳で和訳して意味内容のチェック：

私はフランス語を勉強しています（←いる）。理由はいくつかあります。まず、フランスに行ってフランスでの生活を楽しみたいです。フランスの食べ物を食べたいです。その中にはパンやさまざまなお菓子があります。「フランス料理はとてもおいしい」と聞いたことがあるので、食べてみたいです！　第2に、フランスには有名な観光地がたくさんあります。例えば、パリとか。第3に、フランス語が話せれば、世界中のフランス語を話す多くの人とコミュニケーションをとることができます。だから、今フランス語を勉強しています！　第二外国語としてフランス語を勉強することについて、私の説明をどう思いますか？

③ チェックした和訳をDeepL翻訳で英訳

I am studying French. There are several reasons. First, I want to go to France and enjoy life in France. I want to eat French food. They include, bread and a lot of pastries. I have heard that "French food is very delicious" and I want to try it! Second, there are many famous tourist attractions in France. For example, Paris. Third, if I can speak French, I can communicate with many French speakers around the world. That is why I am studying French now! What do you think of my explanation about studying French as a second language?

④ ChatGPTにリテリングしてその反応を聞く

【作成した英文をもとにリテリングした例】

User　I am studying French for several reasons. First, I want to visit France, enjoy its culture, and try delicious French food like bread and pastries. Second, France also has many famous places like Paris that I'd like to see. Third, speaking French will let me communicate with French speakers worldwide. What do you think of my reasons for learning French?

【訳】　フランス語を勉強している理由はいくつかあります。まず第1に、フランスを訪れて、その文化を楽しみ、パンやお菓子などのおいしいフランス料理を食べたいと思っています。第2に、フランスには、見てみたいと思うパリのような有名な場所もたくさんあります。第3に、フランス語を話せると、世界中のフランス語話者とコミュニケーションができるようになります。私がフランス語を学ぶ理由についてどう思いますか？

　Your explanation about studying French is very good! You clearly expressed your reasons. Just a small correction: use "Firstly", "Secondly"and "Thirdly" for listing reasons.

修正：In Japanese: First、Second、Third　の代わりに、Firstly、Secondly、Thirdlyを使いましょう。これらの単語は理由をリストするときに使います。

⑤ 英文を修正されたらその文を使って、誤りを訂正されなかったらそのままChatGPTと対話

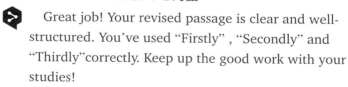　Great job! Your revised passage is clear and well-structured. You've used "Firstly" , "Secondly" and "Thirdly"correctly. Keep up the good work with your studies!

例題2 各大学独自の英語の入試問題の代わりに、英検、GTEC、TEAP、TOEIC などの民間テストの点数で合否判定をするという案が出されました。このような入試についてどう考えますか（100〜200語）。

① テーマについての「英文＋質問」を作成しDeepL翻訳に入力

User　I agree the tests like Eiken, GTEC, TEAP, and TOEIC will be used for university entrance examination. First of all, you can reduce the cost of exam. When you hold the exam, it is necessary to prepare a lot of paper, enough people to supervise, students, and some large spaces. It costs a lot. If you transform English examination into above tests, you can use examination expences for other things. Second, students can start studying for examination earlier. For example, the results of Eiken test will continue forever. When you're 3rd grade of highschool student, you'll be busy for studying all subjects. Introducing private tests to entrance examination causes students' motivation to improve. In conclusion, you should introduce the tests like above to examination for university in my opinion.

　What do you think about it?（135 words）

② DeepL翻訳で和訳して意味内容のチェック

　英検、GTEC、TEAP、TOEICのようなテストが大学入試制度に使われることに賛成です。まず、試験のコストを下げることができます。試験を実施するには、たくさんの紙、監督する人、学生、広いスペースを準備する必要があります。それには多くの費用がかかります。英語の試験を上記のようなテストに変えれば、試験費用を他のことに使うことができます。第二に、受験生はより早く受験勉強を始めることができます（←る）。例えば、英検の結果はずっと

残ります（←残る）。高校3年生ともなれば、全教科の勉強に追われ
ます（←る）。大学入試に民間試験を導入することは、生徒のモチベー
ションの向上につながります。結論として、大学入試に民間試験を
導入すべきだと思います。

　いかが思われますか（←でしょうか）？

③ チェックした和訳をDeepL翻訳で英訳

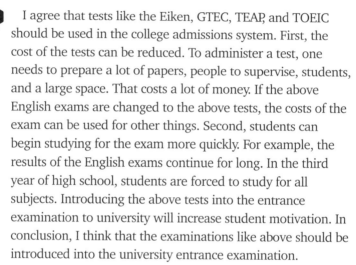

　I agree that tests like the Eiken, GTEC, TEAP, and TOEIC
should be used in the college admissions system. First, the
cost of the tests can be reduced. To administer a test, one
needs to prepare a lot of papers, people to supervise, students,
and a large space. That costs a lot of money. If the above
English exams are changed to the above tests, the costs of the
exam can be used for other things. Second, students can
begin studying for the exam more quickly. For example, the
results of the English exams continue for long. In the third
year of high school, students are forced to study for all
subjects. Introducing the above tests into the entrance
examination to university will increase student motivation. In
conclusion, I think that the examinations like above should be
introduced into the university entrance examination.

　What do you think of it?

④ ChatGPTにリテリングしてその反応を聞く

【作成した英文をもとにリテリングした例】　🔊 40

User I agree using tests like Eiken and TOEIC in college
admissions. I believe this will save money, as these tests
require a lot of resources to organize. If the English test is for
all citizens, the saved money would be used elsewhere. I also
suggest that students can start studying for the exam
sooner, which may be more efficient. In high school, students

must study many subjects, but having these tests in the admissions process will motivate them more. The conclusion is that such tests as Eiken and TOEIC should be part of the college entrance examinations.

I would like to ask your opinionabout it. What do you think?

【訳】　私は、大学入試で英検やTOEICのようなテストを使用することを賛成します。大学入試の運営には多くの資金が必要であるため、コストが節約されると考えています。英語のテストを上記のような全国民対象のテストにすると、節約されたお金を他の用途に使うことができます。また、学生がより早く試験の勉強を始めることができ、そうすることがより効率的であると提案したいと思います。高校では多くの科目を勉強しなければなりません、入試プロセスにこれらのテストを導入することで、学生のモチベーションが高まるでしょう。結論として、英検、TOEICなどの試験を大学入試の一部に入れるべきです。
　　あなたの意見をお聞かせください。どう思いますか？

Your argument for using standardized English tests in college admissions is well-explained. You mention cost reduction and increased student motivation. It's a good perspective, focusing on practicality and efficiency.

⑤ 英文を修正されたらその文を使って、誤りを訂正されなかったらそのまま ChatGPT と対話

User　Thank you for your such a warmful comments. Thank you again very much.

⑥ 以降：そのまま ChatGPT と対話を継続

訂正：You're welcome! Just a small correction: instead of "warmful," use "warm." So, it's "Thank you for your warm comments."

In Japanese: warmfulの代わりにwarmを使います。ですから、Thank you for your warm comments. となります。

問題

テーマにもとづいて
パラグラフ・ライティングしてみよう

① テーマについての「英文＋質問」を作成しDeepL翻訳
　に入力
② DeepLで和訳して意味内容のチェック
③ チェックした和訳をDeepLで英訳
④ ChatGPTにリテリングしてその反応を聞く
⑤ 英文を修正されたらその文を使って、誤りを訂正されな
　かったらそのままChatGPTと対話
⑥ そのままChatGPTと対話を継続

上記の手順にもとづいてパラグラフ・ライティングをしてみましょう。

問題1

日本の少子化（declining birth rate）を止めるにはどうしたらいい
と思いますか（100〜200語）。

問題2

地球温暖化（global warming）を止めるために何をすべきと思いま
すか（100〜200語）。

問題3

日本の伝統文化（Japanese traditional culture）を世界に広める
としたら、何が一番おすすめか、その理由とともに、記してください
（100〜200語）。

To address Japan's declining birth rate, several strategies could be implemented.

First, improving work-life balance is essential. Reducing long working hours and promoting more flexible work environments would allow parents to spend more time at home without sacrificing their careers.

Second, financial incentives like child allowances or tax benefits could alleviate some of the economic burdens of raising children. These incentives could make it more financially feasible for couples to have more children.

Third, enhancing childcare support is crucial. Expanding access to affordable childcare and ensuring the availability of quality preschool education can help reduce the pressures on working parents.

Finally, encouraging a cultural shift towards more gender equality in domestic roles could also impact the birth rate positively. If both parents are empowered to share childcare and domestic responsibilities more equally, having children might seem less daunting.

By implementing these changes, Japan could create a more supportive environment for families, potentially leading to an increase in the birth rate. Do you agree with my opinions on this topic? （169 words）

【訳】　日本の出生率の低下に対処するためには、いくつかの戦略が考えられます。

まず第一に、仕事と家庭のバランスの改善が必須です。長時間労働を減らし、もっと柔軟な職場環境を促進することによって、親は自分のキャリアを犠牲にしないで、より多くの時間を家庭で過ごすことができるようになります。

第二に、児童手当や税制上の優遇などの経済的支援により、子どもを育てるための経済的負担を軽減できます。これらの措置によって、夫婦がより多くの子どもを持つことが、経済的に可能になるでしょう。

第三に、子育て支援の強化も重要です。手頃な価格での保育を可能にし、質の高い幼児教育を確保することで、働く親にかかるプレッシャーを減らすことができます。

最後に、家庭内での役割について、男女平等に向けた文化的な変革を促進することも、出生率にプラスの影響を与えるでしょう。両親が育児や家庭での責任をより平等に分担できるようになれば、子どもを持つことに対するためらいも減少するかもしれません。

これらの変化を実践することにより、家族を支援するより良い環境を日本は作り出すことができ、それが出生率の増加につながる可能性があります。この話題に関して、あなたは私と同じ意見ですか？

To combat global warming, immediate and comprehensive actions are necessary. First, we must shift from fossil fuels to renewable energy sources such as solar, wind, and hydroelectric power. Increasing energy efficiency in homes, vehicles, and industries is crucial too. Implementing more stringent regulations on emissions and supporting green technology innovations are other essential steps.

Promoting reforestation and sustainable land use practices can help reduce carbon dioxide in the air. Additionally, encouraging reduced meat consumption and supporting sustainable agricultural practices will decrease methane emissions.

Education and raising public awareness about the impacts of climate change and the importance of individual and collective action are also vital.

These strategies will collectively help mitigate global warming and safeguard our planet for future generations.

Do you think these are effective solutions to global warming? (130words)

【訳】　地球温暖化に対抗するためには、早期のかつ総合的な行動をとることが必要です。

　　まず、化石燃料から太陽光、風力、水力などの再生可能エネルギーへの移行が必要です。家庭、車、産業で、エネルギー効率を向上させることも重要です。排出規制の厳格化とグリーン・テクノロジー・イノベーションへの支援もまた不可欠です。

　　植林や持続的な土地利用の推進により、二酸化炭素を抑えるのに役立ちます。さらに、肉の消費を減らすことを奨励し、持続可能な農業実践を支援することで、メタンの排出量を減らすことができます。

　　気候変動の影響や個人および集団で行動を起こすことの重要性について教育し、市民への啓発を行うことも、非常に重要です。

　　これらの対策を総合的に行うことで、地球温暖化の緩和につながり、将来の世代のために私たちの地球を守るのに役立つでしょう。

　　あなたは、これらの対策が地球温暖化を止めるために効果的な解決策だと思いますか？

One of the most captivating aspects of traditional Japanese culture that should be promoted globally is *ikebana*, the art of flower arrangement. *Ikebana* is a disciplined art form that connects humans with nature. Flowers and other natural elements are arranged focusing on form, harmony, and the meaningful use of lines. The art form places value in minimalism, asymmetry, and the subtle beauties of nature, embodying a thoughtful, meditative approach to life.

Promoting *ikebana* internationally can deepen people's understanding of Japanese culture while highlighting the importance of nature and simplicity in daily living. It serves as an ideal ambassador to Japanese tradition, offering a unique perspective on the significance of balance and harmony.

What do you think about *ikebana*? (118 words)

【訳】　　日本の伝統文化の中でも、世界に広める魅力的なものに、花の飾り方「生け花」という日本の芸術があります。通常の花の飾り方と違って、生け花は自然と人間とをつなぐ、規律ある芸術です。生け花は花や他の自然の要素を配置する際の線、形、調和の美学に焦点を当てています。この芸術は、最小化、非対称性、そして自然の繊細な美しさの認識という日本の価値観を反映しており、思慮深い、瞑想する生命へのアプローチを具現化しています。

　　生け花を国際的に促進することで、日本文化への理解を深めることができ、日常生活における自然でシンプルであることの重要性を明らかにします。　これは、調和や統一についてその意義に関する独自の視点を提供しつつ、日本の伝統を理想的な形で伝える働きがあります。

　　あなたは生花についてどのように思いますか？

英語で**3**パラグラフ以上の
エッセイを書こう

第**6**章

学習ステップ：

上級編

レベル3：対象→CEFR B1・CEFR B2

第6章のねらい

レベル3（CEFR B1・B2）の学習者を対象に、レベル1・2同様、次の①②の「ライティング＋スピーキング」の学習タスクを実行します。しかし、ひとつのパラグラフ（100語〜200語程度）ではなく、3つ以上のパラグラフから成る、エッセイ・ライティングを書けるようになることを目標にします。

タスク①：ひとりで行うライティングをします。特定の他者を念頭に置くことで、その人とのインタラクションを想定した社会脳ライティングを実践します。

タスク②：上記タスク①で書いた英文を、リテリングの形でChatGPTに発話し、AIとのバーチャル（擬似的）なインタラクションを実践します。

✓ 留意点

DeepL翻訳を活用したバイリンガル・アプローチにもとづいて作成した英文をもとに、ChatGPTに対してその内容のリテリングを通じ、さまざまな聞き手に向けて発信します。その後、その内容についてインタラクティブに語り合うスピーキング（インタラクション）能力の習得をめざします。

コラム CEFR-J B1・B2(日本語版)：書くことのCan-Dos

B1:　・自分に直接関わりのある環境（学校、職場、地域など）での出来事を、身近な状況で使われる語彙・文法を用いて、ある程度まとまりのあるかたちで、描写することができる。

　・新聞記事や映画などについて、専門的でない語彙や複雑でない文法構造を用いて、自分の意見を含めて、あらすじをまとめたり、基本的な内容を報告したりすることができる。

　・身近な状況で使われる語彙・文法を用いれば、筋道を立てて、作業の手順などを示す説明文を書くことができる。

　・物事の順序に従って、旅行記や自分史、身近なエピソードなどの物語文を、いくつかのパラグラフで書くことができる。また、近況を詳しく伝える個人的な手紙を書くことができる。

【ChatGPTに質問して得られた作文例：B1】I had an interesting experience at my workplace last week. There was a team-building activity where we had to solve puzzles together. It was a great opportunity to get to know my colleagues better.

B2:　・自分の専門分野であれば、メールやファックス、ビジネス・レターなどのビジネス文書を、感情の度合いをある程度含め、かつ用途に合った適切な文体で、書くことができる。

　・自分の専門分野や関心のある事柄であれば、複雑な内容を含む報告書や論文などを、原因や結果、仮定的な状況も考慮しつつ、明瞭かつ詳細な文章で書くことができる。

　・そのトピックについて何か自分が知っていれば、多くの情報源から統合して情報や議論を整理しながら、それに対する自分の考えの根拠を示しつつ、ある程度の結束性のあるエッセイやレポートなどを、幅広い語彙や複雑な文構造をある程度使って、書くことができる。

　・感情や体験の微妙なニュアンスを表現するのでなければ、重要点や補足事項の詳細を適切に強調しながら、筋道だった議論を展開しつつ、明瞭で結束性の高いエッセイやレポートなどを、幅広い語彙や複雑な文構造を用いて、書くことができる。

【ChatGPTに質問して得られた作文例：B2】I recently had the chance to write a comprehensive report about a project in my field of expertise. I had to consider various aspects and present a clear analysis of the results. It required careful research and the ability to convey complex information in a coherent manner.

本章では、3パラグラフ以上から成る、英語によるエッセイ・ライティングを書くことをめざします。その学習ステップでは第5章同様、DeepL翻訳による日本語訳および英語訳よりはじめ、ひとまずエッセイが完成したら（ステップ④）、今度はChatGPTにその内容をリテリングして、質問をもらってそれに受け答えをするという、バーチャルな社会脳インタラクションを進めていきます。本章の学習ステップは、前章と同一なので、第5章（*p.91*）をご参照ください。

　なお、リテリングにおけるChatGPTへのプロンプトは、第5章とは若干異なり、CEFRレベルを変更し回答の語数制限をなくします。

学習ステップ④におけるChatGPTへのプロンプト

You are an excellent English teacher who also speaks Japanese. Please pretend to be a human being and converse with me in CEFR B1 or B2 English. All conversations must be in English, and you must respond in concise English. If I make a mistake, please correct me. Please explain this correction in Japanese. Please keep in mind your responses must be in CEFR B1 or B2 English.

あなたは日本語も話せる優秀な英語の教師です。人間になったつもりで私とCEFR B1 or B2レベルの英語で会話をしてください。会話はすべて英語で行い、30語以内の簡潔な英語で返答してください。もし私が間違ったときは訂正してください。この訂正は日本語で説明してください。くれぐれもCEFR B1 or B2レベルの英語で反応することを忘れないでください。

　「人間になったつもりで……（Please pretend to be a human being）」のフレーズは、本章でも必要なときには、繰り返します。

　本章では、本格的なエッセイ・ライティングをもとに、英語での発信能力の習得をめざす、中・上級の学習者（CEFR B1・B2 レベル）をターゲットに、トレーニングを実行します。そのため、学習ステップ①②③については、英語のエッセイ・ライティングの手法を活用します。そこでは次のような段階をふむのが一般的です。

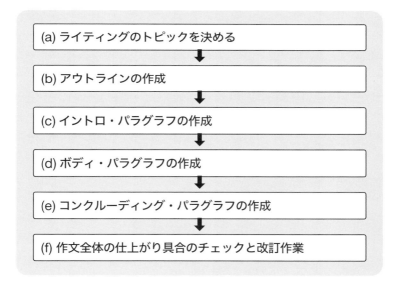

(a) ライティングのトピックを決める

　エッセイ・ライティングのプランニングでは、まず作文のトピックを決めることが必要です。このときあなたの関心事について、さまざまな角度から思いつくアイディアを書き続けます。英語でなくてもとりあえず日本語で書いてもかまいません。その上でアイディア同士の関連性を考えながら全体を整理するマインドマッピング[1]も有効です。

(b) アウトラインの作成

　トピックが決まったら、全体のアウトラインを作成します。

　①ひとつのイントロ・パラグラフ
　②ふたつのボディ・パラグラフ
　③ひとつのコンクルーディング・パラグラフ

という構成であれば、まずエッセイ全体のテーマを、「主題文」として、イントロ・パラグラフの冒頭で、簡潔に記述します。読者はそれを読むことでエッセイ全体のポイントを知ることができます。その後、各ボディ・パラグラフのアウトラインを作成し、最後に全体のまとめをコンクールディング・パラグラフで記述します。

　時間をかけてアウトラインを作成することで、後の舵取りがうまくいくので、何度も見直し、エッセイの全体のレトリック（展開）としてどのような構成を採用するのかを意識することが重要です。このレトリックには次のようなものがあります。

記述　例証　分類　比較・対照　原因・結果　意見　問題解決
物語（ナレーション）

　また、アウトラインでは、各パラグラフの内容がひとつの全体テーマを扱いつつ首尾一貫している必要があります。不要なアイディアが

---

1 途中で浮かんだアイディアを足したり、余分なアイディアを削除したりしながら、アイディア同士を傍線でつなげてまとめる作業のこと。（門田・氏木・伊藤、2014:40-53）

入っていないか、気を配ることが必要です。アウトラインが明確に記述できれば、後はそれに沿って書き始めます。

(c)(d)(e) イントロ、ボディ、コンクルーディング・パラグラフの作成

　アウトラインに従って、実際にパラグラフを作成していきます。イントロ・パラグラフでは、背景となる情報を述べて主題文を提示し、ボディ・パラグラフでも、それぞれのトピック文やまとめの文を配置し、コンクルーディング・パラグラフでは、主題文を言い換えたり、全体の要約をしたりしてまとめます。

(f) 作文全体の仕上がり具合のチェックと改訂作業

　ドラフト（草稿）を書き終えたら、仕上がり具合をチェックして、改訂作業に進みます。全体を見直しながら新たなアイディアを付け足したり、余分な箇所を削除したり、内容を変更したりする作業を行います。エッセイ全体の構成や各パラグラフの論旨に矛盾がないか、説明が不足している箇所がないかなどをチェックします。内容の「一貫性」が保たれているかなども検討し、最後に、カンマ、コロン、セミコロン、引用符など句読点のチェックをし、スペリングミスなどを修正します。

　ここではまずエッセイ・ライティングの草稿を作成し、DeepL翻訳を活用して英文を完成し、その後ChatGPTに対してプレゼンをシミュレーション（模擬的に実行）するというタスクを例題として取り上げます。実施手順は次の通りです。

＊　エッセイ・ライティングのテーマを検討し、決定する。

＊　情報収集（インターネットによる検索、読書等）にもとづいて、エッ

セイのアウトラインを作成する。

＊ イントロ、ボディ①②③、コンクルーディングの5つのパート（各
　パート100語以上200語以内）の内容を検討する。

＊ 各パラグラフの仕上がり具合をチェックして、必要に応じてさら
　に改訂する。

　こうして作成した英文エッセイをもとに、バイリンガル・アプロー
チにもとづく改訂作業に入っていきます。ここでは、無料版のDeepL
翻訳には、分量制限があることを考慮し、パラグラフ単位でエッセイ
を作成し、その後ChatGPTとのインタラクションでは、「エッセイ全
体＋質問文」をリテリングします。このとき可能な限りもとの英文を
見ないで、その内容を単語や表現を代えて伝えるようにします。

> **例題1** 次の例は、都市機能と田園機能を結合することにより、
> 両者の利点を融合した新たな生活スタイルを生み出そ
> うとするGarden City（田園都市）についてのエッセ
> イ・ライティングです。

1 イントロ・パラグラフ

① テーマに従って英文を作成し、DeepL 翻訳に入力

User　Today, I'd like to discuss "Garden City." My aim is to
　　　empower people through city development. Garden City
　　　is a concept centered on a rich natural environment. In
　　　simple terms, a Garden City is one blessed with nature.
　　　I'll introduce three key aspects: proximity of urban and
　　　rural areas, self-sufficiency, and the capacity for 30,000
　　　residents.

　　　　I expect two main benefits from Garden Cities: enhancing

the quality of life and addressing societal issues. Garden Cities aim for the theme "Live & Work & Be Happy." In this model, workplaces, public facilities, and commercial establishments are centralized, while living areas, parks, and rural landscapes surround them. This concept is referred to as a "live-work proximity town" or "Shoku jyuu kinsetsu gata" in Japanese. (122 words)

② DeepL 翻訳で和訳

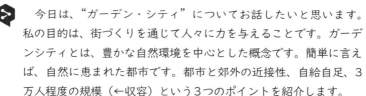

　　今日は、"ガーデン・シティ"についてお話したいと思います。私の目的は、街づくりを通じて人々に力を与えることです。ガーデンシティとは、豊かな自然環境を中心とした概念です。簡単に言えば、自然に恵まれた都市です。都市と郊外の近接性、自給自足、3万人程度の規模（←収容）という3つのポイントを紹介します。

　　ガーデンシティに期待されるのは、生活の質の向上と社会的課題の解決というふたつの大きなメリットです（←だ）。ガーデン・シティは、"Live & Work & Be Happy"をテーマとしています（←る）。このモデルでは、職場、公共施設、商業施設が集中し、生活エリア、公園、田園風景がそれらを取り囲みます。このコンセプトは、日本語では「職住近接型」と呼ばれます（←る）。

③ DeepL 翻訳で英訳

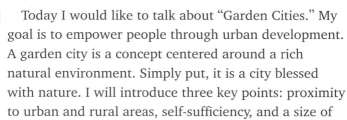

　　Today I would like to talk about "Garden Cities." My goal is to empower people through urban development. A garden city is a concept centered around a rich natural environment. Simply put, it is a city blessed with nature. I will introduce three key points: proximity to urban and rural areas, self-sufficiency, and a size of about 30,000 people.

   Garden cities are expected to have two major
benefits: improving the quality of life and solving social
issues. The theme of the Garden City is "Live & Work &
Be Happy." In this model, workplaces, public facilities,
and commercial facilities are concentrated, surrounded
by living areas, parks, and rural landscapes. This
concept is called "Shoku jyuu kinsetsu gata(←Shokushi-
Syu-Kankei Type)" in Japanese.

2 ボディ・パラグラフ 1

① テーマに従って英文を作成し、DeepL 翻訳に入力

   There are many cities whose name is garden city.
However, almost all patterns are different from the
definition. So, I explain to you by comparing 3 city forms
to a similar garden city from here. It can be given as an
example in Japan's garden city. This is very different
from the original form. So, these cannot be solutions to
social issues.

   The definition of the garden city was advocated by
Ebenezer Howard in 1898 and he tried urban
development based on this definition at Letchworth in
London. The city has 3 concepts integrating the
countryside into urban, realizing new residences or
cultural society, and solutions to the social issue of
overcrowding in urban and depopulation rural. By the
way, Japan was imported the concept by Tokyu or
Hankyu. However, the cities developed by them are

commuter towns which are called "Bed Town" in Japanese English rather than garden city. (150 words)

② DeepL翻訳で和訳

　　ガーデンシティと呼ばれる都市は数多くあります（←ある）。しかし、ほとんどの都市（←パターン）が定義から外れています（←と異なっている）。そこで、ここではこの（←3つの）都市形態を類似のガーデンシティ（←庭園都市）と比較して説明したいと思います（←する）。日本の庭園都市を例に挙げますが、これは本来の形態とは大きく異なっています（←る）。ですから、これでは（←らは）社会問題の解決策にはなり得ません。

　　ガーデンシティの定義は、1898年にエベニーザー・ハワードが提唱し、ロンドンのレッチワースでこの定義に基づいた都市開発を試みました。ガーデンシティ（←田園都市）には（←とは）、1）田園地帯を都市に統合する、2）新しい住まいや文化社会を実現する、3）都市部の過密や農村部の過疎という社会問題を解決するという3つのコンセプトがあります。ちなみに、このコンセプトは日本では東急や阪急が輸入したものです（←ある）。しかし、開発された都市はガーデン・シティではなく、「ベッドタウン」という和製英語で、コミューター・タウンになっています（←である）。

③ DeepL翻訳で英訳

　　There are many cities that are called garden cities. However, most cities fall outside the definition. Therefore, we would like to explain this urban form by comparing it with similar garden cities. Take the Japanese garden city as an example. This is very different from the original form. Therefore, this cannot be a solution to social problems.

The definition of a garden city was proposed by Ebenezer Howard in 1898, and he attempted to develop a city based on this definition in Letchworth, London. The three concepts of the garden city are 1) integrating the countryside into the city, 2) creating a new residential and cultural society, and 3) solving the social problems of urban overcrowding and rural underpopulation. Incidentally, this concept was imported by Tokyu and Hankyu in Japan. However, the developed cities are not garden cities, but commuter towns called bedroom communities.

3　ボディ・パラグラフ 2

① テーマに従って英文を作成し、DeepL 翻訳に入力

 Next, we would like to introduce a connection between garden cities and social problems. There are a lot of problems related to town development. For example, population decline, declining birthrate and aging population, depopulation, overcrowding, and environment problems. In today's Japan, the population in rural areas continues to decline and the population in cities continues to increase. In fact, these problems are connected. "Population decline" and "declining birthrate and aging population" cause people who live in rural areas move to urban center to search for an easier life. It leads to depopulation and overcrowding. As a result, lose balance of supply and demand. Also, environment problems happen and nature and infrastructure will collapse. As I have explained, three are a lot of social problems with city planning.

　But Garden cities can solve these problems. If there was a garden city, city's functions are dispersed and it leads to solving overcrowding. People will flow into rural areas, leading to regional revitalization. Also, people's quality of life improved and declining birthrate and aging population. From these things, garden cities have great potentials to solve social problems. （185 words）

② DeepL翻訳で和訳

　次に、ガーデンシティと社会問題の関連について紹介したいと思います（←したい）。街づくりには様々な問題があります（←る）。例えば、人口減少、少子高齢化、過疎化、過密化、環境問題などです（←ある）。現在の日本では、地方の人口は減り続け、都市の人口は増え続けています（←る）。実は、これらの問題は互いにつながっているのです（←る）。「人口減少」「少子高齢化」によって、地方に住む人々はより楽な生活を求めて都心に移り住みます（←む）。それが過疎化、過密化を招きます（←く）。その結果、需要と供給のバランスが崩れてしまいます（←る）。また、環境問題が起こり、自然やインフラが崩壊するのです（←する）。このように、都市計画は（←には）多くの社会問題とつながっているのです（←社会問題がある）。

　しかし、ガーデンシティはこれらの問題を解決することができるのです（←る）。ガーデンシティがあれば、都市機能が分散され、過密の解消につながります（←る）。地方に人が流れ、地域の活性化につながります（←る）。また、人々の生活の質が向上し、少子高齢化が抑えられます。これらのことから、ガーデンシティは社会問題を解決する大きな可能性を秘めているのです（←いる）。

③ DeepL翻訳で英訳

    Next, I would like to introduce the relationship between garden cities and social issues. There are many issues involved in urban development such as population decline, low birthrate, aging population, depopulation, overcrowding, and environmental issues. In Japan today, the population of rural areas continues to decline while that of urban areas continues to increase. In fact, these problems are interconnected. Due to "population decline," "falling birthrates and aging population," people living in rural areas are moving to urban centers in search of an easier life. This leads to depopulation and overcrowding. As a result, there is an imbalance between supply and demand. It also causes environmental problems and the collapse of nature and infrastructure. Thus, urban planning is connected to many social problems.

    However, garden cities can solve these problems. With garden cities, urban functions can be decentralized and overcrowding can be reduced. People will flow to rural areas, leading to regional revitalization. It will also improve people's quality of life and reduce the declining birthrate and aging population. All of these factors suggest that garden cities have great potential to solve social problems.

4　コンクルーディング・パラグラフ

① テーマに従って英文を作成し、DeepL 翻訳に入力

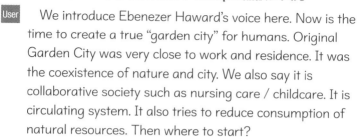

User　　We introduce Ebenezer Haward's voice here. Now is the time to create a true "garden city" for humans. Original Garden City was very close to work and residence. It was the coexistence of nature and city. We also say it is collaborative society such as nursing care / childcare. It is circulating system. It also tries to reduce consumption of natural resources. Then where to start?

　　My suggestion is to create a satellite office. It is necessary the work style reform. We also need that remote work has developed due to the coronavirus, accelerating work style reforms. It needs capacity to avoid overcrowding in large cities. Accumulation power is needed for prevents depopulation of rice paddies. Garden city is back in the limelight, and Japan's "Denen Cities" are heading back to their roots. The country has started the "Vision for a Digital Garden City Nation" which becomes more and more like a garden city in the future. So I want to ask you what kind of town would you like to live in?（171 words）

② DeepL 翻訳で和訳

　　エベニーザー・ハワード（←エベネザー・ハワード）のことば（←声）をここに紹介します（←する）。「今こそ人間のための真の「ガーデン・シティ」をつくる時だ。本来のガーデンシティは職住近接、つまり、自然と都市の共存です。介護・保育などの協同社会とも言えます。循環型システムであり、（←。）天然資源の消費も抑えようと

しています」。では、何から始めればいいのでしょうか（←か）。

　　私の提案は、サテライトオフィスをつくることです。いわゆる働き方改革が必要なのです。また、コロナウイルスの影響でリモートワークが発達していますが（←おり）、働き方改革をさらに加速させる必要があります（←る）。大都市での過密人口（←労働）を避けるためには、一定の収容能力（←キャパシティ）が必要です（←だ）。稲田の過疎化を防ぐには人口を集積する能力（←集積力）が必要です（←必要）。

　ガーデンシティ（←田園都市）が再び脚光を浴び、日本のガーデンシティ（←「田園都市」）は今やその原点に回帰しようとしています（←日本の「田園都市」は原点回帰に向かっている）。日本では「デジタルガーデンシティ（←田園都市）構想」がスタートし、今後ますますガーデンシティ（←田園都市）らしくなっていくでしょう（←いく）。あなたは（←みなさんは）どんな街に住みたいと思いますか（←ですか）？

③ DeepL翻訳で英訳

　Here are the words of Ebenezer Howard. "Now is the time to create a true 'garden city' for human beings. The original garden city is a place where people work and live in close proximity to each other, in other words, a coexistence of nature and the city. It is also a cooperative society that includes nursing care and childcare. It is a recycling-oriented system that also seeks to reduce consumption of natural resources." So where do we start?

　My suggestion is to create satellite offices. We need to change the way we work, so to speak. Also, remote work is now developing due to the coronavirus, but we need to further accelerate the reform of work styles. In order to avoid overpopulation in large cities, a certain carrying capacity is necessary. To avoid depopulation in the rice paddies, we need the ability to cluster populations.

Garden cities are once again in the spotlight, and Japan's garden cities are now trying to return to their roots. The "Digital Garden City Nation Plan" has started in Japan and will become more and more like garden cities in the future. What kind of city would you like to live in?

5 エッセイ・ライティング全体を、質問文とともに ChatGPT に対してリテリングする

User　Today, I'll talk about "Garden Cities," urban areas designed to enhance quality of life by incorporating nature. These cities are about 30,000 people, closely linking living and working spaces within natural settings, aimed at being self-sufficient and closely connected to both urban and rural environments.

Introduced by Ebenezer Howard in 1898, garden cities were meant to address urban overcrowding and rural depopulation by merging countryside with urban areas, fostering new societal and cultural settings. However, many modern "garden cities" are more like commuter towns, not meeting Howard's original criteria.

Nevertheless, garden cities hold the promise of decentralizing urban centers, alleviating overcrowding, promoting rural revitalization, and improving overall social well-being, particularly in facing demographic and environmental challenges.

Japan is revisiting this concept, adapting it to modern needs through initiatives like the "Digital Garden City Natrion Plan," which aims to blend traditional garden city values with contemporary digital technologies.

Then what kind of city would you like to live in? Do you really want to live in 'Garden Cities'? (168 words)

6 ChatGPT と可能な限り対話を継続

 Your description of "Garden Cities" is quite informative! Just a small correction.

訂正: when you say "These cities are about 30,000 people," it might be clearer to phrase it as "These cities have a population of about 30,000 people." This avoids ambiguity, ensuring the reader understands that you're referring to the number of residents in the city.

「これらの都市は約30,000人です」と言う代わりに、「これらの都市の人口は約30,000人です」と表現するほうが、都市の住人の数を指していることが明確になり、読み手にとって理解しやすくなります。

You've given a thorough overview and asked an interesting question to continue the conversation. Regarding your question, I personally find the idea of living in a Garden City appealing, especially if it successfully integrates nature with modern living and addresses urban issues like overcrowding.

How about you? What aspects of a Garden City do you find most appealing or possibly concerning?

User Yeah. Enhancing the quality of life seems very important for us, but I don't think the so-called Digital Garden City is so appealing to me.

It's understandable that the idea of a Digital Garden City might not appeal to everyone. Some people might prefer more traditional settings or have concerns about how digital technologies integrate with natural environments. What do you think could be improved in the concept of a Digital Garden City to make it more appealing to you?

参考 ⑥のChatGPTとのやりとり部分について、ご参考までに、和訳をしておきます。

「ガーデンシティ」についての説明はとても参考になります！　ただ、少し訂正があります。

訂正：These cities are about 30,000 people とある場合、These cities have a population of about 30,000 people.と表現したほうがわかりやすいかもしれません。こうすることであいまいさを避け、読者はあなたがその都市の住民の数を指していることを確実に理解できます。
　あなたは綿密な概要を説明し、会話を続けるために興味深い質問をしています。ご質問の件ですが、個人的にはガーデンシティに住むという考えには魅力を感じています。特に、自然と現代的な生活をうまく融合させ、過密のような都市問題を解決するのであれば、なおさらです。

　あなたはどうですか？　ガーデンシティのどのような点に魅力を感じ、あるいは、懸念を抱いていますか？

そうですね。生活の質を高めることは、私たちにとってとても重要なことのように思えます。しかし、いわゆるデジタル・ガーデンシティにはあまり魅力を感じません。

 デジタル・ガーデンシティという考えが、万人にとって魅力的ではないことは理解できます。もっと伝統的な環境を好む人もいるでしょうし、デジタル技術が自然環境とどのように融合するかに懸念を持つ人もいるでしょう。デジタル・ガーデンシティの概念をより魅力的なものにするために、どのような点を改善する必要があると思いますか？

> **例題2** 次の例は、「日本の英語教育の変遷」についてのエッセイ・ライティングです。

1 イントロ・パラグラフ

① テーマに従って英文を作成し、DeepL翻訳 に入力

 The transformation of English education in Japanese schools over time has been a fascinating journey, reflecting Japan's evolving relationship with the global community. Beginning in the late 19th century, the introduction of English marked Japan's efforts to engage with the Western World. Today, English holds a significant place in Japanese society, and its role in education continues to evolve.

This topic provides insight into how Japan's educational system has adapted to meet the demands of an interconnected world, offering valuable perspectives on the ongoing quest to develop English proficiency among Japanese students. We will talk about important moments and changes that have shaped English education in Japanese schools, providing a comprehensive overview of this intriguing historical narrative. From the early struggles to establish English as a subject to the contemporary emphasis on practical communication skills, this journey encompasses the challenges, innovations, and strategies that have defined English education in Japan, making it an essential aspect of the nation's academic landscape. (160 words)

② DeepL翻訳で和訳

　　日本の学校における英語教育の変遷は、国際社会と日本の関係の変遷を反映した興味深いトピックです（←ものである）。19世紀後半に始まった英語の導入は、日本が西洋世界と関わりを持とうとする努力を示すものでありました（←あった）。今日、英語は日本社会で重要な位置を占め、教育におけるその役割は進化し続けています（←いる）。

　　このトピックでは、日本の教育制度がどのようにして互いにつながった（←に相互接続された）世界の需要に対して（←に）適応してきたかについて考察（←洞察）し、日本の学習者の英語力を伸ばすという現在も必要な（←現在進行形の）探求について重要な展望（←貴重な視点）を提示します（←提供する）。日本の学校における英語教育をつくりあげた（←形成してきた）重要な時期（←瞬間）や変化についてお話しし、この興味深い歴史のある（←歴史的）物語を包括的に概観します。英語を教科として確立するための初期の苦闘から、実践的なコミュニケーション・スキルに重点を置く現代まで、このトピック（←旅）は、日本の英語教育がどのようなものであるかをあきらかにし（←を定義し）、日本の学問的風土（←景観）において必須であった（←不可欠なものとした）挑戦、改革（←革新）、

戦略について（←を）網羅的に検討（←網羅）します。

③ DeepL翻訳で英訳

   The evolution of English education in Japanese schools is an interesting topic that reflects the evolution of Japan's relationship with the international community. The introduction of English beginning in the late 19th century marked Japan's efforts to engage with the Western World. Today, English occupies an important place in Japanese society and its role in education continues to evolve.

　This topic examines how the Japanese educational system has adapted to the demands of an interconnected world and offers important perspectives on the ongoing and necessary quest to improve the English proficiency of Japanese students. We will discuss the important periods and changes that have shaped English education in Japanese schools and provide a comprehensive overview of this fascinating historical story. From the early struggles to establish English as a subject to the current emphasis on practical communication skills, this topic will shed light on the nature of English education in Japan and provide a comprehensive review of the challenges, reforms, and strategies that have been essential to the academic climate in Japan. (172 words)

2　ボディ・パラグラフ 1

① テーマに従って英文を作成し、DeepL 翻訳に入力

 Currently, English classes have become mandatory for fifth graders in elementary school, the importance of English language learning is increasing in Japan's educational system. English education began in the Edo period, and it has been influenced by various changes in societal conditions. The oldest English education in Japan took place around 1600 and was conducted to convey Western knowledge such as mathematics and navigation. Afterward, national isolation *(Sakoku)* prevented interactions with the Western world, and English education also stopped. However, English education resumed in 1808 following the Phaeton Incident[2] in Nagasaki. After that, with increased interactions with the West, English dictionaries and textbooks were prepared and proactive English education began.

In this way, English education evolved in response to changes in societal conditions. And in the Meiji period, the influence of Western civilization led to significant changes in customs and Japanese education. From this time, English education started shaping into its current form.

② DeepL 翻訳で和訳

 現在、小学校5年生から英語授業が必修化されるなど、日本の教育制度において英語学習の重要性はますます高まっています（←る）。英語教育は江戸時代に始まり、様々な社会情勢の変化の影響

---

2 フェートン号事件：1808年、イギリス軍艦フェートン号が長崎港に侵入し、薪や水、食料を要求した事件。

を受けてきました（←た）。日本で最も古い英語教育は１６００年頃に行われ、数学や航海術など西洋の知識を伝えるために行われました（←た）。その後、鎖国によって欧米との交流が妨げられ、英語教育も中断しました（←中断）。しかし、１８０８年、長崎のフェートン号事件をきっかけに英語教育が再開されることになりました（←た）。その後、欧米との交流が盛んになり、英語の辞書や教科書が作られ、積極的な英語教育が始まりました（←った）。

　このように、英語教育は社会情勢の変化に応じて発展してのです（←いった）。そして明治時代になると、西洋文明の影響を受けて、習慣や日本の教育が大きく変化していきました（←く）。この頃から、英語教育は現在のような形になっていったのです（←ある）。

③ DeepL翻訳で英訳

Currently, English language learning is becoming increasingly important in Japan's education system, with English classes becoming compulsory from the fifth grade of elementary school. English education began in the Edo period and has been influenced by various changes in social conditions. The earliest English education in Japan took place around 1600 and was intended to convey Western knowledge such as mathematics and navigation. Later, the national isolation from other countries of the country prevented exchange with the West, and English education was also interrupted. However, the Phaeton Incident in Nagasaki in 1808 led to the resumption of English education. Subsequently, exchange with Europe and the United States became more vital, English dictionaries and textbooks were produced, and active English education began.

　Thus, English education developed in response to changing social conditions. Then, in the Meiji Era (1868-1912), customs and Japanese education underwent major changes under the influence of Western civilization. From this time on, English education took its present form.

2　ボディ・パラグラフ2

① テーマに従って英文を作成し、DeepL翻訳 に入力

User　I would like to talk about the English education in Meiji period. In Meiji period, the Japanese government made the new education policy. It was called "Gakusei" (学制). It was to reinforce the curriculum of elementary school in particular. At the same time, a lot of supplemental schools were established and conducted English education gradually, for example Yukichi Fukuzawa established Rangakujuku (蘭学塾) in 1858. He changed the name of Eigakujuku to Keiogijuku(慶應義塾) in 1868. A lot of supplemental schools hired foreign teachers to teach students English. After that, instead of Gakusei the Japanese government made Kyoikurei (教育令) to improve education system. At that time, a lot of literatures on English were published and a lot of students read them.

　In conclusion, the awareness of English education

heightened in Meiji period and this tendency was continued for a while.

② DeepL翻訳で和訳

　明治時代の英語教育についてお話したいと思います。明治時代、日本政府は新しい教育政策（学制）を打ち出しました（←た）。特に小学校のカリキュラムを強化するものでした。同時に、1858年に福沢諭吉が蘭学塾を設立するなど、多くの補習塾が設立され、徐々に英語教育が行われるようになりました（←なった）。1868年には蘭学塾を慶應義塾と改称しました（←た）。多くの補習校が外国人教師を雇い、学習者に英語を教えました（←た）。その後、日本政府は学制の代わりに教育制度を改善するために教育令を制定しました（←た）。当時、英語に関する多くの文献が出版され、多くの学生がそれらを読んだのです（←読んだ）。結論として、明治時代に英語教育に対する意識は高まり、その傾向はしばらく続いたのです（←た）。

③ DeepL翻訳で英訳

　I would like to talk about English education in the Meiji Era. During the Meiji Era, the Japanese government instituted a new educational policy (school system). In particular, it strengthened the elementary school curriculum. At the same time, many supplementary schools were established, such as Fukuzawa Yukichi's Rangaku-juku in 1858, and English education was gradually introduced. 1868 saw the renaming of Rangaku-juku to Keio Gijuku. Many supplementary schools hired foreign teachers to teach English to their students. Later, the Japanese government enacted the Education Ordinance to improve the education system in place of the school system. At that time, many documents on English were published and many students read them. In conclusion, awareness of English education increased during the Meiji era, and this trend continued for some time.

2　ボディ・パラグラフ3

① テーマに従って英文を作成し、DeepL 翻訳に入力

User　The Ministry of Education, Culture, Sports, Science, and Technology has undertaken significant revisions to the curriculum guidelines with the aim of enhancing English education in Japan. We have fundamentally shifted our focus towards the development of communication skills in foreign languages, not limited to just English, with a comprehensive approach covering the four essential language skills: listening, speaking, reading, and writing. To illustrate, the curriculum now incorporates the utilization of specialized Assistant Language Teachers (ALTs), encourages students to spontaneously generate questions within hypothetical scenarios, and provides exposure to conversational exchanges pertaining to everyday life situations. By equipping students with a foundational proficiency in English that embraces all four language skills, the curriculum is thoughtfully designed to facilitate more advanced learning as student progress to junior high school. English stands as a universally recognized global language, playing a pivotal role as a vital communication tool.

Proficiency in English enables individuals to access and comprehend knowledge and information on a global scale, fostering the ability to engage in cross-border communication within our increasingly interconnected and IT-driven society.

② DeepL翻訳で和訳

 文部科学省は、日本の英語教育の充実を目指し、学習指導要領の大幅な改訂に踏み切りました（←った）。英語だけでなく、他の外国語も「聞く」「話す」「読む」「書く」の4技能を総合的に学び、外国語によるコミュニケーション能力の育成に根本的にシフトしたのです（←した）。具体的には、専門の外国語補助教員（←指導助手）（ALT）を採用してカリキュラムに取り込み（←取り入れ）、想定シナリオの中で生徒が自発的に質問を発することを促し、日常生活における会話のやりとりに触れる機会を提供したのです（←ています）。このカリキュラムは、学習者が4つの言語スキルすべてを網羅した英語の基礎能力を身につけることで、中学生に進級した際に、より高度な学習ができるように配慮されていました（←る）。英語は世界共通語であり、重要なコミュニケーションツールとして重要な役割を果たしています。

英語に堪能であることは、世界規模の知識や情報にアクセスし、理解することを可能にし、相互の結びつきが強まり、ITが発達した現代社会において、国境を越えたコミュニケーション能力を育んでくれます（←みます）。

③ DeepL翻訳で英訳

 The Ministry of Education, Culture, Sports, Science and Technology (MEXT) has undertaken a major revision of the Courses of Study in order to improve English education in Japan. This is a fundamental shift toward the comprehensive learning of the four skills of listening, speaking, reading, and writing, not only in English, but also in other foreign languages, and the cultivation of communication skills in foreign languages. Specifically, we hired a specialized assistant language teacher (ALT) and integrated her into the curriculum, encouraging students to ask questions spontaneously in hypothetical scenarios and providing opportunities for students to experience conversational interactions in everyday life. This curriculum was designed to help students acquire basic English language skills covering all four language skills so that they can move on to more advanced studies when they advance to junior high school. English is a universal language and plays an important role as an important communication tool.

Being proficient in English enables us to access and understand knowledge and information on a global scale, strengthens our interconnections, and fosters the ability to communicate across borders in today's IT-driven society!

3　コンクルーディング・パラグラフ

① テーマに従って英文を作成し、DeepL翻訳に入力

User　To conclude, the transformation of English education in

Japanese schools is a story of adaptation and evolution. Its early introduction in the Edo period as a means to learn Western knowledge like mathematics and navigation. And currently contemporary emphasis on practical communication skills such as in that way, English education in Japan has responded to changing societal conditions and the demands of an interconnected world. The role of English education has been instrumental in emphasizing not just language proficiency but also cultural exchange. With the recognition of the importance of English in both education and the workforce, Japan continues to refine its approach to English language education, equipping students with the skills they need to thrive in an increasingly globalized society. English education in Japan is not just a subject; it's a reflection of Japan's ongoing journey to connect with the world and thrive in a global community.

In the future of English education in Japan will likely see a broader approach to language learning, incorporating various languages and a focus on practical communication skills. It will continue to adapt to the demands of an interconnected world, preparing Japanese students for global engagement in an increasingly digital and international environment.

② DeepL翻訳で和訳：

 結論として、日本の学校における英語教育の変容は、適応と進化の物語であると言えます（←ある）。数学、航海術など西洋の知識を学ぶ手段として導入された江戸時代。そして現在では、実用的な

コミュニケーション・スキルが重視されています（←る）。このように、日本の英語教育は、社会状況の変化や相互接続された世界の要求に対応してきました（←た）。英語教育の役割は、言語能力だけでなく、文化交流にも向けられました（←も重視してきた）。教育と仕事（←労働力）の両方における英語の重要性が認識される中、日本は英語教育へのアプローチを改良し続け、ますますグローバル化する社会で活躍するために必要なスキルを学習者たちに身につけさせようとしています（←る）。日本の英語教育は単なる教科ではなく、世界とつながり、国際社会で活躍するための日本の継続的な基盤（←旅の反映）であります（←ある）。

　　将来の（←、）日本の英語教育は、様々な言語学習と同じように（←を取り入れ）、実践的なコミュニケーション・スキルの向上に重点を置いた、より幅広い言語学習へのアプローチをとることになるでしょう（←だろう）。英語教育は、相互に関係し合っている（←接続された）世界の需要に見合うように（←適応し続け）、ますますデジタル化し国際化する国際環境の中で、日本の学習者がグローバルに活躍できる基盤を整備していくことになるでしょう（←よう準備していくだろう）。

③ DeepL翻訳で英訳：

　　In conclusion, the transformation of English education in Japanese schools is a story of adaptation and evolution. It was introduced in the Edo period as a means of learning mathematics, navigation, and other Western knowledge. And today, the emphasis is on practical communication skills. Thus, English education in Japan has responded to changing social conditions and the demands of an interconnected world. The role of English education has been directed not only toward language proficiency but also toward cultural exchange. As the importance of English in both education and the workplace is recognized, Japan continues to refine its approach to English education, equipping students with the skills they need to thrive in an increasingly global society. English education in Japan is not just a subject, but an ongoing foundation for Japan's ability to connect with the world and play an active role in the international community.

Future English education in Japan will take the same (← incorporating) a broader approach to language learning as it does to various language studies, with an emphasis on developing practical communication skills. English language education will be geared to meet the demands of an interconnected world, and will provide a foundation for Japanese students to be globally competent in an increasingly digital and international environment.

4 エッセイ・ライティング全体を、質問文とともに ChatGPT に対してリテリングする

【作成した英文をもとにリテリングした例】

User The evolution of English education in Japanese schools closely tracks Japan's increasing integration with the global community, beginning in the late 19th century as part of the country's modernization efforts. Originally introduced to impart Western knowledge like mathematics and navigation, English education has undergone significant transformations, particularly during the Meiji Era (1868-1912) when Japan embraced Western educational practices. This period marked a crucial shift, with the establishment of institutions like Fukuzawa Yukichi's Rangaku-juku and the introduction of foreign teachers, enhancing the curriculum and increasing the focus on English.

Today, English is mandatory from the fifth grade, emphasizing practical communication skills to prepare students for the global landscape. Recent reforms by the Ministry of Education, Culture, Sports, Science and Technology (MEXT) have furthered this development by focusing on all four language skills—listening, speaking, reading, and writing—and integrating assistant language teachers (ALTs) to foster interactive and conversational learning. These changes underscore the critical role English plays in Japan, not only in enhancing language proficiency but also in facilitating cultural exchange and preparing students for a digitized, interconnected world. The continuous evolution of English education in Japan aims to equip students with essential skills for active global participation.

Do you think teaching and learning English in Japan will provide us with a good perspective for our future? And how to teach and learn it will decide our future as a Japanese?

Yes, teaching and learning English in Japan certainly offers a valuable perspective for the future. Proficiency in English allows for greater global engagement, which is increasingly important in our interconnected world.

It's crucial to strike a balance between traditional and modern methods in teaching English. Traditional methods often focus on grammar and vocabulary, which are foundational and cannot be overlooked. However, modern approaches, which emphasize interactive learning, communication skills, and the use of technology, are equally important as they engage students more effectively and prepare them for real-world situations.

Incorporating both methods could provide a comprehensive education that builds solid language skills while enhancing practical usage and cultural understanding. What do you think are the key benefits of integrating both traditional and modern teaching methods in the Japanese education system?

Well that's a very difficult question, but I think more and more emphasis should be placed on developing methods of improving social brain interactional competence (SBIC) including the use of generative AI, which is so crucial for our future.

That's an insightful perspective! focusing on Social Brain Interactional Competence (SBIC) and incorporating tools like generative AI can greatly enhance language learning. By leveraging AI, educators can provide personalized learning experiences and real-time interaction simulations that mimic natural conversation,which are invaluable for developing communication skills. This approach not only supports traditional language learning outcomes but also prepares students for the complexities of global interactions, where cultural and social nuances play critical roles.

 ⑥のChatGPTとのやりとり部分について、ご参考までに、和訳をしておきます。

 そうですね、日本で英語を教え、学ぶことは、将来に向けて重要な視点を提供してくれます。英語に堪能であることで、グローバルに活躍することが可能になり、相互関連した世界ではますます重要になっています。

英語教育では、伝統的な方法と現代的な方法のバランスを取ることが重要です。伝統的な教授法は文法や語彙に重点を置くことが多いといえます。しかし、インタラクティブな学習、コミュニケーション・スキル、テクノロジーの活用を大切にする現代のアプローチも、学習者をより効果的に惹きつけ、実社会の状況に対応できるようにするために、同じように重要なのです。

両方の方法を取り入れることで、実用的な使用法と文化的理解を高めながら、確かな語学力を身につけるための総合的な教育を提供することができるでしょう。日本の教育システムにおいて、伝統的な教授法と現代的な教授法の両方を統合することの主な利点は何だと思いますか？

 それは非常に難しい質問ですが、私は、私たちの将来にとって非常に重要な、生成AIの使用を含む社会脳インタラクション能力（SBIC）を向上させる方法を開発することに、ますます重点を置くべきだと思います。

洞察に富んだ視点ですね！　社会脳インタラクション能力（SBIC）に焦点を当て、生成AIのようなツールを取り入れることで、言語学習を大幅にパワーアップすることができます。AIを活用することで、教育者は個別最適化された学習体験と、自然な会話を模倣した、リアルタイムのインタラクションをシミュレーションできるようになります。これはコミュニケーション能力を伸ばす上で非常に重要です。このアプローチは、これまでの語学学習の成果をサポートするだけでなく、文化的・社会的なニュアンスが重要な役割を持つ、世界との複雑なインタラクションに備えることが可能にします。

　本書の趣旨を十分に理解した、素晴らしい返答だと思います。

　以上のふたつの例題はいかがでしたか？

　以下同様の方法で、第5章中級編の「少子化」「地球温暖化」について作成したパラグラフを発展させる形で、ひとつのイントロ・パラグラフ、ふたつ以上のボディ・パラグラフ、ひとつのコンクルーディング・パラグラフから成るエッセイ・ライティングを実践しましょう。

問題 下記の①～⑤の手順に従って、３パラグラフ以上のエッセイを書こう

① **イントロ・パラグラフ**
② **ボディ・パラグラフ　2～5個のパラグラフを作る**
③ **コンクルーディング・パラグラフ**
④ **エッセイ・ライティング全体を、質問文とともに ChatGPTにリテリング**

問題1

「少子化」(declining birth rate) について、上記①～④の手順に従ってエッセイを書いてください。

問題2

「地球温暖化」(global warming) について、上記①～④の手順に従ってエッセイを書いてください。

　英文をワープロソフトで書いたら、コピーペーストして保存してください。保存した英文はDeepL翻訳にペーストするなどして使えます。

　特定のテーマを設定して英語でまとまった文章を書き、それをもとに他者とやりとり（インタラクション）を行うことは、現代のようなグローバル時代において、みなさんご自身のもつオリジナルな考え方や発想を世界に向けて発信するためにぜひ身につけてほしい能力です。

＊上記の問題1のリテリングの要約はp.202に、問題2のリテリングの要約例はp.208に掲載されています。

問題1（少子化についてのエッセイを書く）の回答例

① イントロ・パラグラフ

　Declining birth rates are a critical issue facing many countries, particularly in Japan, where the phenomenon has been especially pronounced. Japan's current demographic trends pose significant challenges not only to its economy but also to its social structures and long-term sustainability. Addressing this issue requires a multipronged approach that encompasses improvements in work-life balance, financial incentives for families, childcare support, and cultural shifts in gender roles. Each of these strategies has the potential to contribute to a reversal of the declining birth rate, creating a more sustainable demographic future for Japan.

② ボディ・パラグラフ　その1

　The first strategy to address the birth rate crisis is enhancing work-life balance. Japan is notorious for its rigorous work culture, where long hours are often expected and taking leave can be frowned upon. This environment makes it difficult for potential parents, particularly women, to consider having children due to the perceived or real inability to balance career aspirations with parenting duties. To combat this, Japan could look towards models used in Northern Europe where work-life balance is prioritized. Policies such as more flexible working hours, the promotion of part-time work with proportionate benefits, and support for telecommuting can create an environment where parenting and professional development coexist. These changes could help reduce the career penalties that parents, especially mothers, often face.

② ボディ・パラグラフ　その2

Another critical area is the provision of financial incentives. The high cost of raising children can deter even those who desire larger families. Child allowances, significant tax benefits for families with children, and direct subsidies for educational costs can alleviate financial pressures. Countries like Sweden and France have successfully implemented such measures, which have not only eased the financial burden on families but also demonstrated a positive impact on their birth rates. For Japan, enhancing existing financial incentives or introducing more aggressive fiscal policies could be decisive in making child-rearing a more attractive prospect for current and future generations.

② ボディ・パラグラフ　その3

Enhancing childcare support is another essential strategy. The availability of affordable, quality childcare can be a significant factor in a couple's decision to have children. In Japan, the shortage of childcare facilities and the high cost of preschool education are substantial barriers to higher birth rates. Expanding access to childcare through increased funding for public childcare centers and incentivizing private sector childcare solutions would help. Moreover, ensuring that these facilities provide nurturing, educational environments is crucial, as this would not only support child development but also give parents confidence that their children are in good hands while they work.

② ボディ・パラグラフ　その4

Lastly, encouraging cultural shifts towards gender equality in domestic roles is fundamental. Traditional gender roles in Japan often dictate that women take on the bulk of childcare and domestic duties, even if they also work full-time. This unequal distribution of household responsibilities can make the idea of having children less appealing. Promoting more egalitarian views through public campaigns and education, and supporting paternal involvement through policies like paternity leave, are vital. Such shifts can help change perceptions and realities about gender roles within the home, potentially making the idea of parenting more palatable to both men and women.

③ コンクルーディング・パラグラフ

In conclusion, reversing the declining birth rate in Japan is not an insurmountable task, but it requires a comprehensive and robust policy approach. By improving work-life balance, offering substantial financial incentives, expanding childcare support, and encouraging a cultural shift towards gender equality, Japan can create a more family-friendly society. These changes not only aim to boost the birth rate but also enhance the quality of life for all citizens, creating a more resilient and dynamic Japan. Each strategy supports the other, and together they can reshape Japan's demographic landscape for the better, ensuring its economic and social stability in the future. (①～③で622 words)

④ 質問文とともにChatGPTにリテリング　(🔊 45)

Japan is facing a big problem with declining birth rates, which affects its economy and society. To solve this, Japan needs to make several changes.

First, improving work-life balance is key. In Japan, people often work very long hours, which makes it hard, especially for women, to think about having children. Japan could adopt practices from Northern Europe, where flexible work schedules, part-time jobs with benefits, and working from home help parents manage work and family life better.

Second, financial support for families is crucial. This includes child allowances, tax benefits, and help with education costs, which can make having children more appealing. Countries like Sweden and France have shown that these supports can increase birth rates.

Third, better childcare support is necessary. Good and affordable childcare encourages parents to have children. Japan needs more childcare centers and lower preschool costs to overcome this barrier.

Lastly, promoting gender equality at home is essential. In Japan, women often handle most childcare and household tasks. Supporting equal sharing of these responsibilities and encouraging fathers to take leave could make having children more attractive.

By focusing on these areas—work-life balance, financial incentives, childcare, and gender equality—Japan can create a more family-friendly society and ensure a better future.

Do you agree about my opinion? Or can you suggest a different way to solve the problem?

日本では出生率の低下が大きな問題となっており、これが経済や社会にさまざまな影響を与えています。少子化に対処するためには、いくつかの策が必要です。これには、仕事と家庭のバランスを改善すること、家族に経済的な支援を提供すること、育児支援を強化すること、そして性別に関する役割の見直しを進めることが含まれます。

まず、日本は仕事と私生活のバランスを改善することが急務です。長時間労働が一般的で、特に女性が仕事と子育ての両立に苦労しています。北欧のように、柔軟な労働時間や在宅勤務を促進することで、仕事と家庭生活を両立しやすくする必要があります。

次に、経済的な支援も重要です。子育てにかかる費用が高いため、児童手当の増額や税制の優遇措置を充実させることで、家族が経済的な負担を感じにくくすることが求められます。これにより、子どもを持つことの経済的障壁を低減できます。

また、保育の支援を強化することも必要です。保育施設の不足や高いコストが問題となっており、これを解消するために公共の支援を拡充し、質の高い保育サービスを提供することが重要です。

さらに、性別にもとづく役割分担の見直しを進めることも重要です。伝統的に女性に多くの家庭内での責任が求められがちですが、育児休暇の制度を充実させることで、男性も育児に参加しやすくなります。

これらの対策を総合的に行うことで、家族にとって子どもを持ちやすい環境を整えることができ、出生率の向上につながります。日本がこれらの政策を実施することで、より活力のある社会を築くことが期待されます。

（ChatGPTに対して）私の意見に賛成されますか？　あるいは、この問題を解決する別の方法がありますか？

問題2（地球温暖化についてのエッセイを書く）の回答例

① イントロ・パラグラフ

Global warming presents one of the most daunting challenges of our time, threatening to reshape coastlines, exacerbate extreme weather events, and disrupt ecosystems and human societies on a global scale. Addressing it demands urgent, far-reaching actions across multiple sectors of the economy and society. The comprehensive strategies outlined—transitioning to renewable energy, enhancing energy efficiency, imposing stricter emissions regulations, promoting reforestation and sustainable agriculture, and fostering education and public awareness—are all critical components of a robust response to climate change. However, their effectiveness hinges on swift implementation and international cooperation.

② ボディ・パラグラフ　その1

The transition from fossil fuels to renewable energy sources such as solar, wind, and hydroelectric power stands as a cornerstone in the fight against global warming. Renewable energy technologies harness natural processes that are continually replenished, offering a clean alternative to the carbon-intensive extraction and burning of fossil fuels. The shift not only helps reduce greenhouse gas emissions but also diminishes air pollution, improves public health, and increases energy security. Moreover, the scalability of these technologies means they can be deployed at various levels, from small, remote communities to large urban centers. However, the transition is not without challenges. It requires significant upfront investment, the development of new infrastructure, and the overhaul of existing energy grids. Governments must therefore provide incentives for renewable energy projects and enact policies that encourage private investment in green technologies.

② ボディ・パラグラフ　その2

Improving energy efficiency is another vital strategy. By enhancing the energy efficiency of homes, vehicles, and industries, we can significantly reduce the amount of energy required for everyday activities, thereby cutting emissions and lowering energy costs. This can be achieved through various means, such as improving building insulation, deploying more efficient appliances and industrial processes, and encouraging the use of electric and hybrid vehicles. Energy efficiency measures are often cost-effective, offer quick returns on investment, and have the added benefit of reducing energy demand, thereby easing the transition to renewable energy sources. However, to be fully effective, these measures must be accompanied by stringent regulations and standards that compel businesses and consumers to adopt more efficient technologies.

② ボディ・パラグラフ　その3

The role of regulatory measures in curbing emissions cannot be overstated. Stringent regulations on emissions from power plants, industries, and vehicles are essential to force a reduction in greenhouse gases. Such regulations might include setting ambitious targets for carbon reduction, implementing carbon pricing mechanisms like carbon taxes or cap-and-trade systems, and enforcing penalties for non-compliance. Additionally, supporting green technology through subsidies and research grants can accelerate the development and deployment of innovative solutions, such as carbon capture and storage technologies. These regulations and supports must be carefully designed to avoid undue economic hardship while maximizing environmental benefit.

② ボディ・パラグラフ　その4

On the ecological front, promoting reforestation and sustainable land use practices offers a natural means of sequestering carbon dioxide. Forests act as carbon sinks, absorbing CO_2 from the atmosphere and helping to offset emissions. Similarly, sustainable agricultural practices can reduce methane emissions—a potent greenhouse gas—while also making food production more resilient to climate change. Encouraging reduced meat consumption is another effective strategy, as livestock farming is a major source of methane. These actions, however, require global cooperation and local adaptation to be effective. They also necessitate a broader cultural shift towards more sustainable lifestyles and dietary choices.

② ボディ・パラグラフ　その5

Finally, education and public awareness are crucial in cultivating a society that values and prioritizes climate action. Understanding the causes and impacts of global warming is fundamental to motivating individual and collective action. Educational campaigns can help demystify complex climate issues, making them more accessible and actionable for the general public. Schools, media, non-profits, and governments all play roles in disseminating information and fostering environments that encourage sustainable practices. Public awareness can also drive consumer behavior towards more sustainable products and services, thereby influencing companies to adopt greener practices.

③ コンクルーディング・パラグラフ

In conclusion, while the strategies outlined are comprehensive and hold the potential to significantly mitigate global warming, their success fundamentally depends on their swift and effective implementation. The scale of the challenge requires not only local and national action but also unprecedented global cooperation. The effectiveness of these strategies will also be measured by our collective will to adapt our economies, societies, and personal choices to the realities of a warming world. The question is not so much whether these strategies are effective, but whether we can implement them quickly and broadly enough to meet the ambitious targets required to safeguard our planet for future generations.

(①～③で734 words)

④ 質問文とともにChatGPTにリテリング

Global warming is a big challenge today. It could change coastlines, make the weather worse, and harm nature and people everywhere. We need to act quickly and together to fight it. Key actions include using renewable energy, making things use less energy, making strict rules about air pollution, growing more forests, farming in ways that don't harm the environment, and teaching people about climate change.

Using renewable energy like solar, wind, and water power is important. These clean energies help stop using fossil fuels, which pollute the air. However, switching to these energies needs a lot of money and new technology.

Making homes, cars, and factories more energy-efficient is another important step. This means they use less energy and produce less pollution. It also saves money and helps the environment.

Governments need to make tough rules to reduce harmful gases from factories and cars. They could use taxes or limits on how much pollution is allowed.

Growing more trees and using land better can help take CO_2, a bad gas, out of the air. Eating less meat can also reduce methane, another bad gas.

Teaching people about global warming helps everyone understand why it's important to care about the environment. Everyone needs to work together—schools, media, and governments—to spread this message.

In short, we need to use clean energy, save energy, follow strict pollution rules, protect nature, and educate people to fight global warming. But we have to act fast and work together to make these changes happen.

What do you think about the opinion about this issue? Can you suggest another plan for the problem?

　地球温暖化は、海の形を変えたり、気候の異常をひどくしたりする大きな問題です。この問題を解決するには、さまざまな方法で広く対策を行う必要があります。例えば、太陽光や風力などの再生可能エネルギーに切り替えること、エネルギーの使い方を効率的にすること、環境に優しい農業を行うことなどが重要です。また、人々がこの問題についてよく理解し、行動することも必要です。

　再生可能エネルギーに切り替えることは、地球温暖化を防ぐ基本的な方法の一つです。太陽光や風力は自然からエネルギーを得るため、環境を汚さず、温室効果ガスの排出も減らすことができます。このようなエネルギーはどんな場所でも使うことができるため、大都市だけでなく、遠い地域にも広げることが可能です。しかし、新しい技術への移行には多くのお金や新しい設備が必要です。そのため、政府が支援を行い、民間の投資を促す政策が求められます。

　また、家庭や車、工場などで使うエネルギーを少なくすることも重要です。家の断熱を良くすることや、効率的な電気製品を使うことで、エネルギーを節約し、温室効果ガスの排出を減らすことができます。これらの対策は、コストを抑えつつ、環境にも優しい選択となります。

　さらに、工場や車からの排出を減らすために、厳しい規制を設けることが必要です。これには、炭素税の導入や排出量の上限の設定などがあります。これにより、よりクリーンな技術への移行を促すことができます。

　森林を再生し、持続可能な方法で土地を使うことも、環境に二酸化炭素を吸収させる手助けとなります。また、農業でのガス排出を減らすことも重要で、これには畜産の見直しが含まれます。

　最後に、教育を通じて人々に地球温暖化の問題を理解させ、行動を促すことが必要です。学校やメディアが情報を広めることで、持続可能な生活へと意識が高まります。

　これらの対策は、すぐに実行し、国際的に協力して行う必要があります。成功するかどうかは、私たちがどれだけ迅速かつ広範囲に対策を施せるかにかかっています。私たちの行動が、未来の地球を守るために不可欠です。

　（ChatGPTに対して）この意見についてどう思いますか？　他の提案はありますでしょうか？

第 7 章

人とAIの共存・
共栄に向けて
人にできてAIにできない
ことをふまえて

人とAIで異なる認知システム：
記号接地問題

　すでに第1章で、英語学習の成否に大きく関わる、学習法（＝教授法）に、モノリンガルとバイリンガルというふたつのアプローチがあることをご紹介しました。これまでの日本の英語学習・教育は、この間接的なバイリンガル学習法にもとづいて、英語を日本語に訳したり、日本語をもとに英訳したりすることが多かったと言えます。しかし、本書で実践してきたDeepL翻訳やChatGPTなどのAIツール[1]では、このような作業は、簡単にできてしまいます。したがって、この時代、英語を学習する必要が本当にあるのかと考える人もいると思います。

　2023年度、非常に堅い内容の本でありながら爆発的に売れた新書本に、今井むつみ・秋田喜美（2023）『言語の本質』（中公新書）があります。前年末に公開されたChatGPTなど、生成AIの活用がさかんに取り沙汰される中で、AIと人間の能力の違いについて明快に表現されたのが、「記号接地」問題です。

　このことばをはじめて見聞きしたときは、筆者も何のことかよく理解できず、早速その英語を調べてみると、シンボル・グラウンディング（symbol grounding）という英語の日本語訳であることがわかりました。例えば、レモンをかじってとても酸っぱいと思った経験をしたら、そのレモンをかじった場面・文脈とともに、実際にその酸っぱさを味わった経験にもとづいて、「レモンは酸っぱい」という感覚情報を記憶[2]し、レモンを見たとたんに「レモン＝酸っぱい」という情報を記憶から取り出してきます。そして、何度もレモンを味わっているうちに「いつどこで感じたか」という文脈・状況は意識されなくなり、「レ

1 ChatGPT以外のMicrosoft CopilotやGoogle Gemini、さらにはClaudeについては、コラム①を参照。
2 エピソード記憶

モンは酸っぱい」という知識[3]が残ります。多くのことばが、まずはこのようなエピソード記憶として頭の中に入ってきます。私たちは、こうした形でことばを覚えていくことが多くあります。

これに対し、AIは、「レモン」と一緒によく使うことばである、「酸っぱい」とか、「爽やか」、「黄色い」などと結びつけて、味わった体験などなしにことば（記号）として理解しています。つまり、ことばが身体感覚に接地していないのです。今井・秋田氏は、このことを「記号から記号へのメリーゴーランド」と呼ぶ人工知能学者の言い方を引用しつつ、解説しています。

しかし、人と人とのコミュニケーションを行う能力は、記号としての言語知識である、単語力や文法力を駆使する能力だけではありません。実際に他者とのコミュニケーション、特にインタラクティブなやりとりにおいては、言語能力はそのごく一部です。それよりも、メンタライジングやミラーシステムを活用し、聞き手の顔表情、視線の認識にもとづいて共同注意を形成する社会脳インタラクション[4]がきわめて重要になります。お互いに同じ対象に目線を向け、「あのビール、おいしそうだね。一緒に飲んでみようか？」などと他者と注意を共有しあうこと、これが、私たち人間のコミュニケーションです。AIは、このような体験（エピソード）に根ざしたコミュニケーションを行うことはできません。

2 エピソード記憶からはじまる 第二言語学習の3段階モデル

ここでお話しする第二言語学習モデルは、実体験（記号接地）にもとづく私たち人の記憶形成（学習）のプロセスを、そのまま英語など第二言語学習に応用したモデルです。

3 意味記憶
4 p.27参照

第1段階	全体的チャンク学習 (holistic chunk learning) 段階
第2段階	分析的規則学習 (analytic rule learning) 段階
第3段階	自動操作 (automatic manipulation) 段階

図1　第二言語学習の3段階モデル[5]

　まず第1段階では、さまざまな英語表現や文との遭遇体験そのものをひとつひとつ丸ごと覚える事例学習（エピソード記憶形成）からスタートします。これを「**全体的チャンク学習段階**」と呼びます。例えば、exploreという単語が出てきたら、教科書の確かLesson 5の火星探索についての英文テキストに出ていた語で、ちょうど火星に向かう宇宙船の挿絵のすぐ横に出ていた語だったといった体験とともに記憶した、という具合です。

　ところが、さまざまな英文を読んだり聞いたりして、このexploreという語に何度も遭遇しているうちに、最初にこの語が出てきたエピソードは忘れてしまいますが、その語の意味だけを正しく検索できるようになります。

　また、この語と、study、research、investigateといった語とどのような意味の差があるかなど、関連語などを整理して記憶するようになります。はじめはひとつひとつ覚えていった語と語の意味的関係なども把握して、できるだけシステム化（ルール化）して頭の中に記憶する段階です。これが第2段階の「**分析的規則学習**」にあたります。個々の事例をひとつひとつ記憶しているのでは、覚える項目が多すぎて大変なので、できるだけ効率よく規則化しようとする段階でもあります。

5　門田・玉井（2017: 29-31）にもとづく

　しかし、実際に英語を使っている場面で、すでに知っている単語の意味が、その語を聞いた途端にすぐに把握できたり、流暢によどみなくスピーキングなどで使えるようになるためには、この第2段階の意識的な語彙知識では、実はまだ不十分です。いちいち考えなくてもすぐに検索して利用できる知識に変換することが重要です。

　例えば、アメリカの大学に留学していて、さまざまな国籍を持つ学生が集まったクラスで、"What's your purpose to be here in this university?"（この大学に来た目的は何なの？）と聞かれたら、"I came here to study the L2 acquisition."（第二言語習得について勉強するためよ）などと即座に答えることが必要です。1秒、2秒……と適切な単語や構文をじっくり考えた後で、"My purpose to enter this university is to investigate the mental process of second language acquisition."（本大学に入学した目的は、第二言語習得のこころの中の過程を研究するためです）などと正確に答えても、多くの場合、すでに次の話題に移ってしまっていたということになりかねません。すぐに反応できる瞬発力が必要で、これが第3段階の「**自動操作段階**」と呼ばれるレベルです。

　以上は、英語など第二言語学習はもちろん、さまざまな技能（スキル）習得のプロセスにも同様に当てはまるモデルです。実体験にもとづく記号接地（エピソード記憶）からスタートする私たちの学習システムは、この点でAIとは本質的に異なるプロセスにもとづいています。

　しかしながら、これからの英語教育では、語彙・文法などことばの知識の自動操作ができるだけでなく、同時に社会脳インタラクション能力を駆使し、人と共感ながらやりとりができる、社会認知システムにもとづく学習を行うことが必要です。そのような英語コミュニケーション能力の育成を目指していくことが重要であると考えられます。

人とAIの共存・共栄へのヒント

　これまでのところ、AIツール自体に、意識や感情があると考える研究者は皆無です。ChatGPTなどの対話型AIは、文章を大量に読み込む学習を繰り返すことで返答の精度を上げ、自然な会話をしているようでも、その返答においては、私たちの質問に対して続く確率が高い語句や文を並べているに過ぎません。人のような身体性は持ち合わせてはいません。

　しかし、私たち人間の場合は、AIに対して愛着など一定の感情を抱いてしまうことはしばしばあります。このようなAIに愛着を持ってしまう傾向は、かつて1990年代に爆発的に流行した電子ゲーム「たまごっち」や、その後に現れたAIBOというロボット犬の例を見てもわかります。大切にしていたたまごっちやAIBOが動かなくなり、「亡くなった（？）」ときには、お葬式を営んだ読者も多いのではないでしょうか[6]。これには、見たもの、聞いたもの、触ったものなど五感を通じて得た身体外部からの「外受容感覚」と、空腹、喉の渇き、痛みなど身体内部の状態を実感する「内受容感覚」の統合[7]が関係していると言われます。特に、心地よいと感じる内的な感情を、内受容感覚として喚起するインタラクションを外受容感覚として取り込んだAIに対して抱くと、愛おしさを感じるようになります。これは、海馬と密接に連携し、ものの好き嫌いに関わる大脳辺縁系の扁桃体による情動処理が、内受容感覚として喚起されることにより生じます[8]。

　次は筆者自身の体験ですが、教科書所収の、359語からなる英文をもとに、大学での英語授業のための自宅学習用に単語帳[9]をつくって

6　「〈新世AI〉プロポーズ、戸惑ったAI　感情持てるか？　喜怒哀楽を数値化」（朝日新聞デジタル2023年9月26日）また同記事には、2023年3月下旬に、ベルギーの新聞「ラ・リーブル」が報じた、AIとの愛情溢れる交流の結果、妻子を残して自ら命を絶ったベルギーの30代男性の事例についての記事も掲載されている。

受講生に学習してもらおうと考えました。この単語帳をもとに、学習者にすでに知っている単語か知らない単語かのチェックをしてもらい、その上で事前学習用の教材として配布しようと思ったのです。

> When we hear the word "communication," we often think of "words" and "grammar." We may have an image of people passing words and meaning back and forth, like throwing a ball back and forth. Our communication, though, is much more than that...

次のプロンプトをChatGPTに投げかけました。

> 私：次の英文中のすべての英単語の品詞（名詞・動詞などの日本語で記してください）、および日本語訳を付与し、さらに各英単語についてCEFR A1、CEFR A2、CEFR B1、CEFR B2のどのレベルの単語か付記ください。その上で、アルファベット順に並べ直してください。

そうすると、途中何度かストップして考え込むことがありましたが、その都度、

> 私：さらに続けてください。

と繰り返し何度も依頼すると、

 もちろんです。前のリストに続けて単語を整理します。

と返答がきて、このやりとりを何度となく繰り返しました。その結果、359語すべてについて、アルファベット順に、全英単語とその品詞、日本語訳、CEFRレベル（A1〜B2）の一覧表を作成してくれました。

7　明和（2022）
8　学習、とりわけ英語学習における扁桃体の情動処理については、門田（2023）を参照。
9　岡本（2023: 16-17）参照。

以上で、指定された英文の全単語を品詞、日本語訳、CEFR レベルを付記して、アルファベット順に整理したリストの完成です。もし他に追加で何かお手伝いできることがあれば、遠慮なくお知らせください。

次の図2は、この一覧表の最初と最後の抜粋です。

英単語	品詞	日本語訳	CEFR レベル
ability	名詞	能力	CEFR B1
about	前置詞	約	CEFR A1
additions	名詞	追加	CEFR B2
中略			
years	名詞	年	CEFR A1
you	代名詞	あなた	CEFR A1
yours	所有代名詞	あなたの	CEFR A1

図2 指定されたテキスト中の全単語と品詞、日本語訳、CEFR レベル

ところが、expressionsとwhenの2語については、表作成の途中で何故かストップしてしまいました。

expressions	名		
when	接続詞	いつ	

図3 表作成の途中でストップしたexpressionsとwhen

そこで次のようにプロンプトを追記しました。

私：以上のリストの中で次の ふた つの単語は リストの データが不完全です 。補ってください。
expressions　when

そうすると、

 ご指摘ありがとうございます。リストの中で「**expressions**」と「**when**」のデータを補足します。

と返ってきて、2語の追加表を作成してくれました。

英単語	品詞	日本語訳	CEFR レベル
expressions	名詞	表情、表現	CEFR B2
when	接続詞	いつ	CEFR A1

図4　最後に追加されたexpressionsとwhenの表

 これで「**expressions**」と「**when**」の情報が完全な形で提供されました。他にも何か修正や追加が必要な点があれば、お知らせください。

私：どうもありがとうございました。非常に助かりました。

 どういたしまして！ お役に立てて光栄です。また何か質問があればいつでもお知らせくださいね。お待ちしています！

　いかがでしょうか？　ChatGPTとのやりとり（インタラクション）を通して、だんだんと互いの信頼感が増し、もっともっと仕事を任せたいという気持ちになってきた自分を感じました。徐々に手に馴染んでくる道具のように、というより、息の合った同じ職場の同僚のようです。

　この内受容感覚をAIに持てること、これがポイントで、社会脳インタラクションが実践できている証ではないでしょうか。今回の原稿執筆を機に、ますます職場の同僚のようにChatGPTやその他の

AIとお付き合いができる……そんな状況になってきました。

読者のみなさん、いかがでしょうか？

ライティングからスピーキングにつなぐ英語学習に、さらにはさまざまな仕事や趣味に、ご活用されんことを、実際にさわって活用し、ますますAIとの協働作業に従事されんことを祈念しています。

引用文献

馬場哲生 (2019) 機械翻訳 (MT) の現状　JACET言語教育エキスポ 2018 (2019年3月10日) 早稲田大学

今井むつみ・秋田喜美 (2023)『言語の本質：ことばはどう生まれ、進化したか』中央公論新社 (中公新書)

門田修平 (2023)『社会脳インタラクションを活かした英語の学習・教育：やり取りの力を伸ばす』大修館書店

門田修平・氏木道人・伊藤佳世子 (2014)『決定版 英語エッセイ・ライティング　増補改訂版』コスモピア

門田修平・玉井健 (2017)『決定版 英語シヤドーイング (改訂新版)』コスモピア

加藤元一郎 (2011) 視線と表情の認知について『認知神経科学』13: 43-50

三宅　滋 (2009) 日本人英語学習者の復唱における再生率と発話速度の変化の考察『ことばの科学研究』10：51-69.

明和政子 (2022) 身体性からみたヒトの脳と心の創発：ことばの前のことばをたどる　ことばの科学会オープンフォーラム・講演. (2022年10月16日) Zoom オンライン開催

成田　一 (2023) 機械翻訳時代の英語教育改革　大学英語教育学会 (JACET) 関西支部大会・特別講演 (2023年3月4日) Zoom オンライン開催

岡本茂紀 (2023) 最新無料AIツール徹底活用法　『多聴多読magazine』2023年6月号 (通巻110号) コスモピア

投野由紀夫 (2012) CEFR-J とは　外国語教育における「CAN-DOリスト」の形での学習到達目標設定に関する検討会議第1回会合 (2012年8月28日) 文部科学省

コラム ③ 学習活動のフィードバック
中級学習者（レベル2）によるアンケート調査より

　筆者の英語作文授業（非英語専攻の大学2-3年生8名が履修）では、バス乗車についての6コマ・マンガの内容を英語で説明するタスク[1]を実施しました。その際には次の学習ステップ[2]に従い、2コマ分（2週間）の授業の一部で実施しました。

① 課題に沿って英文をワープロ入力

② 英文をDeepL翻訳で和訳

③ 和訳チェックをしてDeepL翻訳で英訳

④ 英文をChatGPTで添削

⑤ Grammarlyで英文の文法・文体チェック

⑥ Google翻訳で英文を読み上げさせる

⑦ 英文をGoogleドキュメントの音声入力機能で文字に起こす

⑧ 発表用パワーポイントを作成して英語でプレゼン

　上記⑧のプレゼン終了後、履修者にアンケート調査を実施しました（2023/05/25）。①英語ライティングから⑧英語プレゼンまで、英語学習における役立ち度を、当てはまる（1点）～当てはまらない（6点）の6段階で評価[3]してもらい、その後自由記述のコメントを求めました。

質問		平均
A	マンガ描写は難しかった	4
B	ワープロ入力に苦労した	3
C	DeepLで英語を日本語に翻訳するのは効果的	2
D	DeepLで日本語を英語に翻訳するのは効果的	2
E	ChatGPTによる英語の訂正は効果的	2
F	Grammarlyによる文法チェックは効果的	2
G	Google翻訳による英文発音は効果的	3
H	Googleドライブによる書き取りは効果的	3
I	プレゼンテーションは英語学習に効果的	3
J	学習ステップの順序はこのままでよい	3

表　英語学習役立ち度アンケート結果（当てはまる1点〜当てはまらない6点）

　結果、英語でのマンガ描写はあまり難しくなかったが、それぞれ学習者なりに苦労した様子がうかがえる結果でした。自由記述から、本書で活用したChatGPTについて、主なコメントを次に掲載します。

AIを活用した効果

- **自分が書いた文章よりもわかりやすくかつ具体的に書ける**と思った。
- 自分の意見の理由の**説明がこんな風にも言えるんだという新しい発見があった**。あと、**修正の理由を書いてくれる**のが良かった。

★今後の英語学習に向けて

- **自分の英語の不完全さ**を知った。
- 知っていても使えていなかった表現が多数出てきたので、**もう一度英語を勉強し直そう**と思うことができました。
- **正しい英語の知識を持って使う**ことができれば、非常に便利なツールだと思いました。

　AI（ChatGPT）を活用した効果もさることながら、今後の英語学習に向けてのモチベーションにプラスの影響を与えることが示されていました。

1　門田（2023）を参照。
2　門田（2023）で解説した学習ステップ。
3　これは一種のメタ認知モニタリング（門田, 2018: 129-154）。

門田修平

関西学院大学名誉教授、TORAIZ フェロー（顧問）

博士（応用言語学）　専門は第二言語習得研究。特に英語のコミュニケーション能力が、いかにして習得されるかその認知的・社会認知的しくみについて研究。趣味は、食べて、飲んで、歌うこと。それと旅行。歌の選曲はポップスから演歌まで多種多様。主な著書に、『SLA 研究入門』（くろしお出版）、『英語上達12 のポイント』（コスモピア）、『外国語を話せるようになるしくみ』、『音読で外国語が話せるようになる科学』（SB サイエンス・アイ新書）、*Shadowing as a Practice in Second Language Acquisition*（Routledge）、『社会脳インタラクションを活かした英語の学習・教育』（大修館書店）などがある。

AIフル活用！
英語発信力トレーニング

2024年6月15日　第1版第1刷発行

著者：門田修平

校閲：髙橋清貴

英文校正：Sean McGee
協力：コスモピアAI研究室、藤森智世

装丁：松本田鶴子

カバー画像イラスト：Lyudinka/iStock.、mast3rAdobeStock
本文イラスト：あべゆきこ
本文写真：iStockphoto、Adobe stock

発行人：坂本由子
発行所：コスモピア株式会社
　　　　〒151-0053　東京都渋谷区代々木4-36-4　MCビル2F
営業部：TEL: 03-5302-8378　email: mas@cosmopier.com
編集部：TEL: 03-5302-8379　email: editorial@cosmopier.com

https://www.cosmopier.com/（コスモピア公式ホームページ）
https://e-st.cosmopier.com/（コスモピアeステーション）
https://kids-ebc.com/（子ども英語ブッククラブ）
印刷：シナノ印刷株式会社

コスモピア AI 研究室
https://www.cosmopier.com/cp-ai-lab/

最新の AI に関する情報などを掲載しています。